U0692266

消寒图

珍重待春风

袁瑾 编著

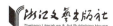
浙江文艺出版社
Zhejiang Literature & Art Publishing House

图书在版编目（CIP）数据

消寒图:珍重待春风 / 袁瑾编著 .—杭州：浙江
文艺出版社，2023.1
　　ISBN 978-7-5339-7007-9

　　Ⅰ.①消… Ⅱ.①袁… Ⅲ.①节气—风俗习惯—中国
Ⅳ.①K892.18

中国版本图书馆CIP数据核字（2022）第202592号

统筹策划　柳明晔
责任编辑　邵　劼　陈兵兵
装帧设计　水玉银文化
版式设计　吕翡翠
责任印制　吴春娟

消寒图:珍重待春风

袁瑾　编著

出版　浙江文艺出版社
地址　杭州市体育场路347号
邮编　310006
电话　0571-85176953（总编办）
　　　0571-85152727（市场部）
制版　浙江新华图文制作有限公司
印刷　浙江新华数码印务有限公司
开本　880毫米×1230毫米　1/32
字数　50千字
印张　6.25
插页　5
版次　2023年1月第1版
印次　2023年1月第1次印刷
书号　ISBN 978-7-5339-7007-9
定价　58.00元

版权所有　侵权必究

序　言

　　画消寒图是一项流传已久且充满传统生活智慧和雅趣的时令记日游戏。"消寒"，顾名思义是消解寒冷的意思。这种游戏沿用了民间"数九"记日的方法，以冬至为起点，采用涂画的方式一日一日地计算着冬季寒冷的时日。漫漫严冬，农户早已收了庄稼、人们窝在屋子里躲避寒冷。较之春播、夏耕、秋收的忙碌，冬季的日子虽然有难得的清闲，但多少有些乏味。加之古代的御寒条件十分有限，人们面对天寒地冻不免生出诸多无助感，便觉得冬季过于漫长。于是填涂九九消寒图便成了冬日里的一项娱乐活动，人们在一笔一画中消遣打发冬日悠长，舒缓心中的情绪，也寄予了盼春的心愿。

　　消寒图的展示可令人领略到传统诗意生活的审美情趣、文化意蕴。比如消寒图第一笔是从冬至开始涂染的，而冬至正是我国传统农耕社会重要的节气点，也是二十四节气中最早确定的"二分二至"四个节气之一，先秦时期便在各地流传。历史上，这是一个可与新年相媲美的热闹节日，因此又有"冬至节""冬节"之称，民间亦有"冬至大如年"的说法。清代以来的冬至节俗中依旧保留着诸多与过年习俗相近的内容，比如祭祖、摆家宴等习俗。此日晚辈亦要为尊长者敬献鞋袜，表达孝心，祝愿老人平安度过严冬。古人惯以传统阴阳哲学解释气候，冬至时进入最为寒冷的阶段，可谓阴极之至。不过这也意味着阳气始生。九，本是极数，有"至阳"之意，消寒图取意九九八十一，意味着阳气积聚，自然寒去暖来。此一番意味，细细体会之下，不由对古人于这一小游戏之中的精巧心思佩服不已，它亦是天人合一的自然人文观念的体现。

在历史的推进中，消寒图的种类逐渐丰富起来。最常见的是九朵素梅组成的梅花型，还有大家十分熟悉的"亭前垂柳珍重待春风"的九字八十一笔描红图。除此之外，消寒图亦呈现为铜钱型、阴阳鱼型、圆圈型等更加有趣的形式。有的甚至与各类年画、吉祥图案、传说故事结合在一起，更加灵动、鲜活，并广泛渗入民众日常生活的方方面面。从这个角度来说，我们人人都是这一项珍贵文化遗产的传承人与守护者。

今天我们提倡大家都来画消寒图更有普及教育的意义与功效。古人依照"数九"的原则，把对春的企盼、对生活美好的质朴愿望统统放进了消寒图的方寸之间，也为儿童提供启蒙教育，使消寒图成为寓教于乐的好帮手。在一起描画消寒图的过程中，父母长辈们亦可以利用这段难得的亲子时光，给孩子讲一讲关于诗文、戏曲、吉祥图案的故事，对他们进行传统文化，包括文字、历史知识、自然知识的教育。

中华优秀传统文化内含着中华民族独一无二的理念、智慧、气度、神韵，是民族文化的密码，文化身份的标识，中国心的文化生命基因。入选联合国教科文组织人类非物质文化遗产代表作名录的二十四节气就是这一典范。由二十四节气衍生的消寒图，可感悟天人合一的生命节律，面对天地季节的冷暖变迁，积极乐观，顺时而为，顺势而行，悠闲消解，展示了国人特有的睿智和文化自信。前年在"后疫情时代，基础教育向何处去"全球大讨论中，我应邀撰文呼吁，要从我国的基础教育开始，分不同年龄、年级，由浅入深，大力增强中华优秀传统文化知识的教育。本书就是一个很好的范例。这也是本书作者写作的旨向之一。本书的作者在传统节气文化、民俗传承领域中长期探索，积累深厚。此次与浙江文艺出版社合作，将目光聚焦于消寒图这一形式有趣、内涵深刻，而又鲜有专题关注的选题，可见眼光的独到，应对了当代基础教育的需求，填补了市场的空白。书中对消寒冬藏生活习俗、消寒图的形式、文化内涵、功能意义做了详尽的阐释，并收罗了诸多有趣的传说故事、俗语歌谣，通俗易懂、生动有趣，可读性强。书中亦收录了各类消寒图供读者涂画，亲身体验，十分有趣，于图文并茂中达到雅俗共赏的效果。

望广大读者喜欢。

是以为序。

陈勤建

2022 年 11 月 10 日

壹

冬藏生活

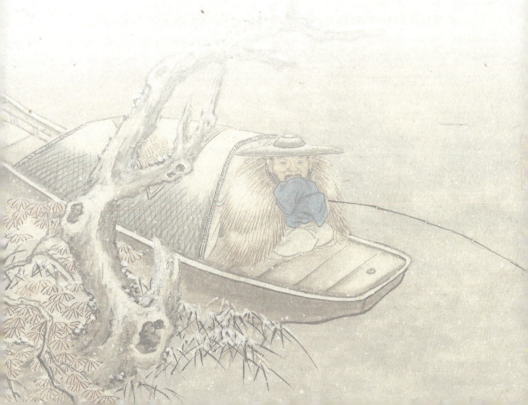

　　日月如梭，在春、夏、秋匆匆的交替中，万物迎来了一年
中的最后一个季节——冬季。此时，阳光收敛了往日的锋芒，
温柔地铺洒在高高垛起的稻草上；叶落了、花谢了，大地回归
于本真的质朴。汉代淮南王刘安喜好神仙方术，相传豆腐就是
他炼丹时发明的，他召集了大批宾客，编著了一部叫《淮南子》
的书，其中说道："四时者，春生夏长，秋收冬藏。"所谓"冬
藏"，本意是指冬日里，万物凋零，人们把秋天收获的谷粮贮藏
起来，以备过冬。中国传统文化认为天地万物的运行有一定的
规律，人们按照规律，春播夏耕，秋收冬藏，因此四季的流转
都蕴含着别样的意境。汉代著名思想家、哲学家董仲舒在他的《春
秋繁露》中说："天有阴阳，人亦有阴阳。天地之阴气起，而人
之阴气应之而起，人之阴气起，而天之阴气亦宜应之而起。其

道一也。"认为宇宙之中的万物都是由阴阳二气构成，人与自然可以通过气相互沟通，甚至相互融合，这就是传统的天人感应思想。同时古人认为，春夏阳气生发，秋冬阴气旺盛，人居于自然之中，要根据昼夜、寒暑的自然节律而行动。因此在冬季，日常生活要讲究顺时顺势地休养生息、收敛内聚。从中，我们自然能够感受到古人对人与自然宇宙关系的思考、独特时令节气观念，以及他们的生存智慧。

在日常的衣食住行中，"冬令""冬藏"包含着更加丰富的内容：比如粮食、菜蔬、果物的贮藏，用以饱腹；穿戴用度的积累，用以生活；亲朋家族、四邻八舍的聚集，用以团结；感恩万物、汲取滋补，用以养生养心。凡此种种，藏食、藏物、藏身、藏心，在冬季里愉悦身心，以养精蓄锐、静待春归。

（一）颗粒都归仓，春米来尝新

霜降后，田间农事大体完毕，丰收已及，百谷登而百果熟。金秋中，收获最多的是水稻。南方有"霜降割晚稻，立冬无竖稻"的农谚，意思是霜降开镰晚稻，到立冬收割完毕，田野中就看不到竖立着的稻禾了。不过"田家少闲月"，割下来的稻禾还要经过脱粒、砻谷、春米等一系列的加工，丝毫不得怠慢，紧接着收粮入仓便成了大事。正所谓"粮食打进仓，莫忘灾和荒"，新谷溢仓驱散了冬日的寒冷与对饥荒的忧虑，让人们的心也变得踏实了，美满的生活触手可及。

传统的农家会趁着晴天，将新谷风干扬尽，筛去杂物，用竹篾、荆条、稻草编成或用席箔围成囤垛，用来囤积粮食。一些讲究体面的人家，还会在囤积的囤子下面垫上很多干草，这样一来，他们的囤子就显得又粗又高，特别有丰收的样态。除了囤垛，也有使用谷仓囤粮的。谷仓是一个圆形的大土瓮，外边刷上一层白石灰，讲究细致的人家会请老先生在谷仓外写上"颗粒归仓"几个大字。至于普通人家，米缸、木桶都是不错的储粮器物。粮食储存最是讲究通风、干燥，要防水、防潮、防火、防风、防虫鼠雀害等等，关于这些问题，农家自有祖传的应对方法。比如：在稻谷堆中插一根凿空的粗竹竿，以利通气；不时开窗通气；定期赤着脚伸进谷堆测试温度，发现过热就要翻仓；养猫、放置捕鼠夹来捕鼠；等等。待新年临近，家家户户会在囤垛上贴上大红喜字、元宝、如意等文字或图案的剪纸，还会在稻谷上插上冬青、松柏等，讨个吉利的彩头。有的人家则在粮仓门上贴纸马和有"百无禁忌"字样的黄纸条，这样一来谷物似乎又多了几分神圣感。

在千百年的农耕时代，农家人靠天吃饭，终年期盼风调雨顺，到了冬藏的日子，自然盼望着能够多贮存些食物，过上富足的生活。也许是对这份殷殷期盼的回应，每年农历正月廿五许多地方都要举办"填仓节"。这一天的清早日出之前，农家的一家之主便会先把院子打扫干净，然后端着半簸箕的草木灰在院子里打囤。打囤的方法比较简单：在院子

清　郎世宁　瑞谷图　中国第一历史档案馆藏

里用草木灰撒画一个圆圈，用来表示粮囤；在圆圈中间撒出个"十"字，便寓意囤了粮食；接着抓上几把稻米杂粮放在"十"字中心，压上石块，这叫作"填仓"；填完仓再放上一挂鞭炮，寓意红红火火、粮食满囤。有的人家喜欢在代表粮囤的圆圈外用草木灰画出一个梯子形状，象征往后的日子步步高升。打囤不仅可以在院子里打，也可以挪到屋子里。在房间里打囤叫作"打钱囤"，方法并没有什么变化，只是在画好的囤圈里放钱，意为财源广进。待日头高升，仪式完毕后，钱囤里的钱自然是要分给孩子们当作零花钱的。

　　碾谷舂米也好，收粮入仓也罢，这当中包含着一年劳作的辛苦。此时最好的奖赏大约就是亲口尝尝劳动的果实吧。

收刈

登场

持穗

舂碓

簸扬

砻

入仓

祭神

清　陈枚　耕织图册　台北"故宫博物院"藏

于是，喜悦的人们迫不及待地用新米来煮饭，在稻香中，互道祝福、同庆丰收，这被称为"尝新"。此俗古已有之。《月令》是《礼记》中对后世影响非常大的物候篇章，它不但按月阐释了一年之中天象、气象、物象的变化，也规定了从天子到寻常百姓一年四季要举行的祭祀仪式，而这本书中就记载道："农乃登谷，天子尝新，先荐寝庙。"说的是旧时每年秋天农作物丰收的时候，天子要品尝新米，并以之祭祀先祖，古称"尝祭"。此时，普通百姓也会用刚成熟的稻谷，晒干舂米，煮新米饭，摆在家中，祭祀祖先。待祭祀完毕，全家品尝新米饭。

尝新没有统一的时间，一般都是各家各户单独举行的，内容基本一致，各地却各有特别之处。浙江青田的农家讲究尝新吃蒸谷饭。因在稻谷收获季节里，山区时常下雨，谷子堆在一起容易发芽。富有智慧的农户便想出一个办法。他们将收割下来的稻谷先煮熟了，然后才摊开晾干，碾米去壳储存起来。如此一来，蒸谷饭成了当地颇有特色的一项农产。若是继续深究蒸谷饭的来历，当地人则会向你讲起越王勾践如何用蒸熟的谷子骗过吴王夫差而最终打败吴国的传说。于是，吃蒸谷饭便具有了古老越地民众纪念越王勾践的深远意味。吃蒸谷饭尝新前，农户会在自家墙角或者天井里摆上一碗，插三炷香，用来表示敬天敬地敬农官，感恩自然的给予。一番祭祀仪式完毕后，要先盛一碗新米饭给家中老人尝，随后才是全家围坐桌前，在说说笑笑中一起用饭。农人们平时不是特别在乎菜肴，不过尝新的餐桌上一条新鲜的田鱼则必不可少。当地有俗谚："新米饭撞鼻头，红田鱼满盘头。"此间自是一番红红火火的喜悦光景。另外，在这样的一个庆祝丰收的日子，自然不能忘记耕地的好帮手——耕牛，须得拿了新稻草与新出的米汤喂一喂自家牛儿，尝新仪式才算圆满。

浙江天台一带，人们用第一次舂成的新米煮成饭，放一些菜肴，一碗一碗分送给邻居。天台民谣有"亲眷篮对篮，邻舍碗对碗"的说法，说的是亲戚间送礼时会将礼物放在竹篮里，邻居间则是用碗盛起来送。想来较之亲戚，抬头不见低头见的邻居之间的情谊有时更加深厚。耕种忙碌时少不得四邻八舍来搭把手，待到了丰年尝新，这又是一个极好的增进感情的机会。秋收冬藏，张弛之间，乡村社会自有其独特的运转轨迹，调适着自然、人以及家庭之间的关系。

过日子讲究精打细算。过去在猫冬的腊月里，家家要计算一年所需的粮食，将谷壳捣碎，舂好后储存在粮仓里，称

明　佚名　牧牛读书图轴　北京故宫博物院藏

为"冬舂米"。宋代诗人范成大有《冬舂行》一诗：

腊月储蓄百事利，第一先舂年计米。

群呼步碓满门庭，运杵成风雷动地。

筛匀箕健无粃糠，百斛只费三日忙。

齐头圆洁箭子长，隔篱耀日雪生光。

土仓瓦瓮分盖藏，不蠹不腐常新香。

描写的正是腊月里家家户户忙着舂米的热闹场景。冬舂米一般由晚稻粳米囤制而成。舂米都在腊月进行，因为此时低温，虫害较少，易于储藏。制米时要先用稻草扎一个草囤。先取一些粳米放入木桶蒸至冒热气，然后将之与其余粳米混合拌匀，加水上囤，上覆麻袋，麻袋上铺上一层厚厚的砻糠。此后便不必加热，囤米会自然发热，热气会使砻糠变潮湿。经过四十余天，砻糠慢慢干燥，便可卸囤、摊干，粒粒金黄的冬舂米便成了。此外，也有用籼米制作的冬舂米。籼米是与粳米相对应的一种大米，米粒更加细长，黏性较小，口感稍差。因为籼米的米价要便宜不少，旧时都是贫苦人家食用。因为此时舂米可保来年温饱，所以农谚有"冬舂夏安"之说。

冬舂米煮饭时，吸水量很大，涨性足，入口松软，非常适合
夏季做粥。浙江嘉兴一带有俗谚云："家里备有冬舂粥，郎
中先生朝伊哭。"夏天吃点冬舂米熬的粥，开胃清爽易消化，
有利于身体康健，自然不必麻烦医生了。

　　"手里有粮，心里不慌。脚踏实地，喜气洋洋。"（毛泽东《手
里有粮》）冬藏的首要便是藏粮食，当盈车嘉穗、穰穰满家时，
寒冬萧瑟里的日子也变得有了趣味。

（二）农家"三只缸"，藏菜打年糕

传统人家有冬藏"三只缸"的习俗，即在此时会备有一只腌菜缸、一只酒缸，还有一只年糕缸。鲁迅的弟弟、知名作家周作人在《鲁迅的故家·灶头》中曾记叙道："灶的南面置大水缸，俗名七石缸，半埋地中，用以储井水，西北又是一只，则是腌菜缸。"可见在冬藏活动中，蔬菜的储藏是一项重要工作。

江浙一带人家爱吃腌菜，腌制的品种有白菜、苋菜梗、雪里蕻、萝卜、豆角等等。腌制的方法大体相同，不过各处的人都有"故老相传"的秘方，因此口味也不相同。

所有腌菜当中，冬天最为主要的是腌大白菜。大白菜的腌制储藏并不复杂，但也需及时行事。清代文人范祖述《杭俗遗风》曾记载，杭州人冬季有"踏菜"的习俗。在冬至节半月之前，买来白菜数百斤，洗净晒干，用盐腌于大缸内，约半月之久，即可食。大白菜腌制时须有人踩踏，因此叫作"踏菜"。

坊间腌菜，每家都会精心挑选一些长梗白菜。这种菜，较之一般的白菜，梗长而菜叶少，十分适合腌制。大白菜晾晒一两天，控干白菜中的部分水分，但又不能太干。待蔬菜备妥，负责腌菜的妇女们便在木盆前搓洗，孩子们则会帮忙把清洗好的白菜挂到竹竿上沥水。一百多斤的长梗白菜须得

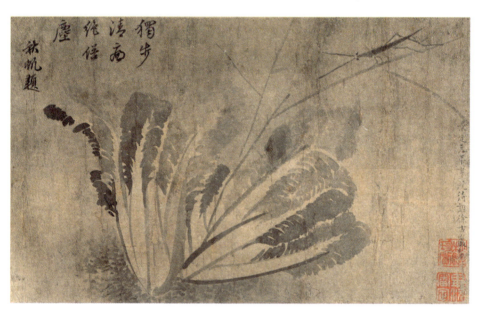

南宋　徐古岩　寒菜图　纽约大都会艺术博物馆藏

好几个小时才能清洗完毕，洗菜人的手因此常被冻得发红。腌菜时，白菜被一层层铺入缸中，腌菜人手里捏着盐，从边上往中心一圈圈细细地撒。一层菜、一层盐，层层叠叠，在踩菜人的压踏下，缸中发出咕咕的声音。待到踩出的水快没过菜了才算完成。踩好后，压上一块洗净晾干的大石块，盖上缸盖，腌上个把月，脆生生的腌菜便可启缸上餐桌了。腌制出的咸菜配合着肉丝、笋片、茭白、辣椒等，配以煮、炒、炖各种烹饪之法，让人能从寒冬腊月吃到来年开春。

　　说到下饭小菜，雪里蕻十分有名。清人汪灏受康熙之命，编了一部植物学巨著《广群芳谱》，书中收集了一千六百多种栽培植物，其中就曾记载："四明有菜，名雪里蕻。雪深，诸菜冻损，此菜独青。""四明"是浙江宁波的别称，之所以叫"雪里蕻"，是因为耐寒，而它的味道稍带辛辣，非常适合腌食。雪里蕻在上海被叫作雪菜，上海浦东老港曾是赫赫有名的"雪菜之乡"。大约从民国初年开始，老港便兴起了种雪菜、腌雪菜的风气。据当地人说，民国初年时商人丁守庭将雪菜种子带到浦东惠南种植，然后腌制成坛装咸菜出售，颇受当地人的欢迎。见此情形，丁守庭进一步扩大了经营规模。他将种植基地迁至王家滩，又采用大缸腌制，一时间产量大增。随着规模持续扩大，继而又发展为在老港地区大面积栽种雪菜。与此同时，开地挖池腌制法也应运而生。其具体方法与大缸腌制相似。农民先在地上挖坑，铺上塑料布，随后将雪菜竖着一层层码进池中，码一层菜，撒一层盐，用力踩踏，直到最后盖上塑料布，压上重物。等到腌制入味后，再从池中取出。不过开地挖池、腌制雪菜，这种方法如今早已不用了，现在老港腌雪菜用的是环保材料制作的腌菜池。

但要说口味正宗，还得靠家里的陈年小缸。取几棵雪里蕻，切上红灿灿的小辣椒，翻炒一下，无须放其他佐料，就已经分外有滋味。味道鲜咸的雪里蕻是个百搭菜，可以和肉丝、毛豆、辣椒、豆腐等一起炒制，也可以用于烧黄鱼、煮面条，在江南人的餐桌上十分常见。

再说第二只缸——酒缸。新米酿新酒，立冬之后各地冬酿陆续开始。酒坊主人们收拢本地新米，就等着立冬开酿。此时若是走进各地酒坊酿造车间，浓郁的新米香气扑鼻而来。绍兴人讲究"儿子要亲生，老酒要冬酿"，立冬是绍兴黄酒传统的冬酿日。此日清晨，黄酒师傅会一早开工，将蒸熟的精白糯米投入大缸，拌上酒母与麦曲。经过发酵、开耙等种种工序，浓稠的酒醪被单独装入陶土坛中，整齐地码放在户外。

在北风往复、四野皆寒的天地间，一排排土坛静待来年立春开榨见酒。所谓"汲取门前鉴湖水，酿得绍酒万里香"，深秋鉴湖湖水冷冽清澈，酿得黄酒，澄澈香馥，是酒中上品。

冬酿自然不止绍兴黄酒一种，浙江嘉兴一带农家酒缸生产的"三白酒"亦是闻名大江南北。关于"三白"名称的由来，据民国年间卢学溥重修的《乌青镇志》记载："以白米、白面、白水成之，故有是名。"乌青镇就是今天的嘉兴桐乡乌镇。白米指糯米，白面是用一种可使米食发酵的酒药草和着糯米磨成的面做成的酒曲饼，白水指当地干净无污染的河水。此酒以本地自产糯米为原料，用蒸好的纯糯米加酒药发酵，酒色青绿不浑，香甜可口，装坛密封，可数年不变质，男女老少皆宜饮用。三白酒还有一个名字叫"杜搭酒"。"杜搭"是嘉兴方言，意思是"自己做的"。当地有民谣，歌词为"毛烰芋艿杜搭酒，客人吃了不肯走"，说的正是逢年过节，若

嘉兴乌镇三白酒坊

是家中来客，农家多以芋艿和此酒招待的情况。

至于三白酒的来历，嘉兴各地都有各自的传说。乌镇一带传说此酒与古时的一个孝子有关。一男子在别家帮工时，雇主给了他两个粽子当点心，他舍不得自己吃，就将粽子藏在一个老树洞里，打算收工后带给母亲吃。临走时，顺手扯了一把草盖在粽子上。突然天降大雨，他匆忙躲雨之间竟忘了取粽子。等他想起来寻到藏粽处，粽子早已被雨水浸湿。他舍不得丢掉，便提着粽子回家给母亲吃。哪知一打开粽叶，一阵酒香扑鼻而来。母子俩惊奇之余，发现原来那一撮草竟然是一种能够使糯米发酵的酒药草。后来，这种酿酒的方法就流传开来，人人纷纷效仿起来。

嘉善一带则有另一个传说，讲述了三白酒的一段"辉煌"历史。相传明代书画家姚绶辞官返乡后，居住在嘉善大云的大云寺。他时常用大云农家酿制的土酒——三白酒招待来访的客人。一日，一位京城的高官登门拜访，品尝三白酒后赞叹不绝。高官回京后，将此酒献给了皇帝。皇帝喝了之后觉得此酒不错，便传旨让姚绶从家乡大云进贡几十罐。可惜的是圣旨下达时，姚绶已经去世，三白酒最终未能成为贡酒。不过通过这个传说故事，便足可见当地人对三白酒的喜爱。

最后，再来说说第三只缸——年糕缸。年糕是南方人百吃不厌的美食，其素白柔润的卖相、软糯绵甜的滋味，曾是多少游子思乡的寄托。相传年糕的由来与古时伍子胥筑苏州城墙有关。传说伍子胥趁着修筑城墙，在城墙的地基里埋了数百块糯米风干做成的米糕，充作墙砖。待到越王勾践围攻苏州城，百姓们便挖出米糕度过了年关。从此之后，苏州城家家户户都要在年节前后做糯米糕，以此感念伍子胥的恩惠。因为是过年吃的米糕，此糕就被称作"年糕"。

年糕大致可分为撒粉年糕、水磨石年糕和春年糕等种类，主要原料基本是粳米、糯米和黍米三种，其中最常用的自然是糯米。糯米年糕蒸熟后，黏度高，延展性强，可以揉捏成多种形状，最合乎年糕需要的黏软的特性。在风味上，不仅有清甜味的，还有一种咸清甜味的猪油年糕。清代才子袁枚

煎打糕

同时也是个美食家，他在《随园食单》一书中细腻地描述了三百多种南北菜肴，其中就记载了这种年糕的做法。书中说，做猪油年糕需得用纯糯米粉拌猪油，放盘中蒸熟，加捶碎的冰糖蒸好，再用刀切开即成。此种年糕最大的特点就是在糯米的糕体中加入了糖猪油丁，这也是决定猪油年糕口感的关键。打制年糕的半个月前，农家便开始着手准备糖猪油丁。具体做法是将买来的猪板油去膜、切粒，再用白糖腌制。制作时将米粉按糯三粳七的比例配好，经过揉、打的工艺，在年糕表面嵌入腌制好的糖猪油丁、瓜子仁、核桃仁、红枣、糖桂花，撒上红绿丝，便可上蒸桶蒸制了。蒸年糕是一个令

人期待的过程，经过半个多小时水火加持，一桶亮晶晶、油汪汪、香喷喷的猪油年糕便在氤氲水汽中华丽登场了。刚蒸好的猪油年糕，米香混合着油香扑鼻而来。晶莹剔透的糕体上，星星点点布满了猪油丁炀掉留下的细致小孔，引得人们急急地咬上一口。吃进嘴里，竟是满嘴甜糯香软，猪油脂香、芝麻香，还有核桃、红枣的香脆甘甜，不断丰富着味蕾的感觉。

冬日里，农人都要大张旗鼓地打年糕，城市中的居民则多前往糕团店购买，因此年关前的二十天，糕团店的生意最是兴隆。做年糕、吃年糕，讨个"一年更比一年高"的好彩头。

年糕的保存方法不少，传统人家习惯将制好的年糕浸泡在装满清水的缸中保存。这样做的好处是既可以保持年糕的湿度，亦可隔绝空气，防止与空气中的氧气发生反应而变色变质。不过，若采用此法，浸泡年糕的水须得勤换，保持新鲜洁净。若是碰上个懒汉，使水变臭水，进而让年糕变酸，少不得要减损好几分过年的滋味。

（三）置办年货紧，谢年祈福忙

按照"冬至团子年节糕"的说法，除了年糕，冬日里家中还要以新米磨粉做成各种团子，比如冬至团、谢灶团、春朝粉圆、年朝粉圆等，用以祭祖、馈赠亲友。杭州萧山一带民众做团子后，还要撒上胡麻（即芝麻），称为"糊口团"，并称吃过这种团子后，要多说些吉利话。"胡"与"糊"读音相同，"糊口"也有维持生计、填饱肚子的意思，这其实也是寄托了人们对美好生活的期盼。

随着日头转向年关，亲戚间的走动聚会、祭祖祀神仪式也渐渐多了起来。此间一应年节物品都得预先置办起来。于是进入腊月后，会出现一个购物的高潮，这时各地会出现为出售过年用品而举行的市集，俗称"年市"，人们前往市集商铺购置物品的活动则被称为"办年货"。年货的种类很多，

清　增福财神纸马　王树村藏

吃的、用的、穿的、戴的、供的、耍的、干的、鲜的、生的、熟的，统统要置办。据清代顾禄记述苏州一带节令习俗的《清嘉录》记载："熟食铺，豚蹄、鸡、鸭较常货买有加。纸马香烛铺，预印路头财马，纸糊元宝、缎疋，多浇巨蜡，束名香。街坊吟卖篝灯、灯草、挂锭、灶牌、灶帘，及箄瓢、箕帚、竹筐、磁器、缶器、鲜鱼、果蔬诸品不绝。锻磨、磨刀、杀鸡诸色工人，亦应时而出，喧于城市。酒肆、药铺，各以酒糟、苍术、辟瘟丹之属馈遗于主顾家。总谓之'年市'。"由此可见，清代年货市场品类之齐全。此时，各地的名优特产充盈市场。近代学者钟毓龙《说杭州》中曾云："是月街上，肩挑担负者亦多于平日，皆从四乡而来，所谓赶年市也。其中猪肉一项，价较肉店为廉，物亦不劣，谓之乡猪肉。而湖墅之青白年糕，西溪之竹器，亦充满于市上，如篮、如箩、如善富灯之类。"物美价廉的土猪肉，香喷软糯的年糕，美观耐用的花篮、竹箩……真是让人眼花缭乱。其中提到的"善富灯"是一种竹制的灯盏，一般供灶台上使用。杭州人因"盏"与"斩"同音，不吉利，所以改名为"燃釜"，为了讨个好彩头，又用谐音"善富"称呼它。因此从特产中也能看出各地的风俗人情。

乡村农家自家操办年货时还少不了做年糖。做糖是一件费事的活，关键在于掌握火候。熬制糖稀时，须得看准时机，适时地拌入炒过的冻米、芝麻、花生之类；接着趁热倒入木屉，铺上白麻布，压实；最后松开木屉，用锋利的刀，将糖切成厚薄均匀的糖片。在浙江东阳一带，年糖制好后，要馈赠新婚的女婿家，表达对女婿一家生活甜蜜的祝福。收到年糖的女婿，也不可独自享用，而必得将糖一一分给邻居们品尝，邻居们回赠几枚鸡蛋，祝愿多生贵子。

腊月初八，各地寺院亦有施舍佛粥（即腊八粥）的习俗。有一句俗谚叫"千年冷缸饭，一顿腊八粥"，说的是古代僧人们用箩筐沿门乞食，食之有余，便将米饭晒干贮藏起来。到了腊八这天早上，将米饭干煮成粥，回报施与者并为之祝福。《清嘉录》曾引李福《腊八粥》诗，诗中记叙了当时苏州饥民哄抢腊八粥的景象："腊月八日粥，传自梵王国。七宝美调和，五味香掺入。用以供伊蒲，藉之作功德……此风未汰除，歉岁尚沿袭。今晨或馈遗，啜之不能食。吾家住城南，饥民两寺集。男女叫号喧，老少街衢塞。"施粥当天，城南

的饥民不分男女老幼，堵塞在街道上，呼叫号哭，争抢施粥，这幅景象实在令人动容。腊八粥具有佛教"好施舍"的寓意，寺院设棚施粥也是接济穷人之意。时至今日，寺院施粥、举行法会则更多带有祈福、感恩之意。

对自然馈赠的感激、对家庭圆满幸福的期盼，向来是诸多传统仪式的人伦内核与情感指向。冬日农闲，这一类仪式活动便也丰富了起来。旧时的乡村每到腊月底的夜晚，要举行"谢年"，也叫"送年"，主要是报谢一岁平安，表达民众新年风调雨顺、岁岁平安的心愿。这一习俗在浙江绍兴被称为"祝福"，亦可称为"作福年""作冬福"。清末文人范寅《越谚》曾云"祝福，岁暮谢年，谢神祖，名此"，可知此俗一般在腊月二十至三十之间的夜里举行。绍兴的祝福因鲁迅的小说《祝福》而被广大国人所熟知，其弟周作人在《鲁迅的故家》一书中对这一过程亦有详细的描述。其实，祝福日子选定后，全家人即在此日凌晨起床，煮烧福礼供品。拂晓前，在屋檐下横摆（即按桌面木纹横放）两张或四张八仙桌，俗称"横神直祖"，摆桌方向与祭祖时的直摆不同。夜里祭祀，则摆上五牲福礼，"牲"指牺牲，也就是祭祀用的牲畜，如鸡、鹅、元宝肉、猪头和鱼等，将它们装在红漆大圆盘内，上插许多筷子，旁边备一把厨刀及一碗蒸熟的牲血，以示全鸡、全鹅。此外，还有一盘豆腐、一碟盐、数块年糕、一串粽子、三（盅）茶、六（盅）酒。福礼的摆法也有讲究，如：鸡、鹅要跪着放，头朝神位；一尾活鲤鱼，用红绳穿过鱼脊，挂在"龙门架"上，用红纸贴住眼睛，取"鲤鱼跳龙门"之意。然后，家中男人依辈分大小，依次向外行跪拜礼（旧时习俗规定女子不可拜神）。拜毕，焚烧神马、纸锭，鸣放爆竹，将桌子改成直摆。神像焚化时，有的人家老人要急忙挖下供品中鸡、鸭、鹅的舌头，抛向天空，意为带走口舌，避免"口舌之灾"。

为讨吉祥彩头，人们不时将隐含一定寓意的事物融入仪式的细节之中。在浙江宁波一带，谢年要用刀肉、红糖、生麸（即生面筋）、桂圆做祭品，取"玉堂富贵"的吉祥之意。日近黄昏，主祭人燃烛上香，静息叩拜，所谓"闷声发大财"。祭祀完毕，还要在各种祭品中取一小块扔上屋顶瓦片，谓"请瓦上将军"，最后才是全家共享谢年饭。一番操作下来，仿佛个个都得偿了心愿，可以"心安理得"地憧憬着来年的好年景。

（四）藏身要进补，药食可互佐

藏冬，不仅储存粮食物品，更重要的还在于藏身，休养生息以顺阴阳。中国较早的医书《黄帝内经·素问》云："夫四时阴阳者，万物之根本也。所以圣人春夏养阳，秋冬养阴，以从其根，故与万物沉浮于生长之门。"这几句强调的是四季阴阳之气收发，化育万物，万物的生长收藏，都受这个根本规律的制约。春夏养阳，重在生长，秋冬养阴，即是收藏。中医认为，人体要协调自身，顺应四时阴阳变化，冬季收敛自身阳气，潜伏藏身，这样才能护住根本，健身保养。由此，冬季进补，补虚扶弱，防病治病，抗衰延年，历来受到人们的重视。民谚亦有"三九补一冬，来年无病痛""冬令进补，春来打虎"的说法。

冬令进补，膏方尤佳。膏方，又名膏剂，与中医中的丸、散、丹、酒、露、汤、锭，同属八剂之一。膏方由将药物煎煮，留汤去滓后将汤药浓缩而得，博雅润泽，能够"营养五脏六腑之枯燥虚弱"，因此也有"膏滋药"的称呼。我国膏方历史悠久，唐宋时已成为中医常用药剂，及至明清时发展得更加完善、成熟，男女老幼皆可适用。清代中期，膏方的运用已较为普遍，治疗的病症主要集中在阴津枯耗、脾胃虚弱、气血亏虚、肝肾阴虚等症型。清代中后期，冬令膏方在江南一带兴起，制作方法也日渐复杂，比如清代名医张乃修的医案专著《张聿青医案》的膏方专卷中，膏方的用药已经有二三十味，收膏时常添加阿胶、鹿角胶等。此时，北方膏方仍以调理痼疾、治疗病症为主，并无遵循时令的要求。江南一带医家则深受《黄帝内经》中"肾藏精""秋冬养阴""藏于精者，春不病温"等观念的影响，讲究秋收冬藏，注重对时令的把握。冬季阳气潜藏，须得借膏之黏稠填补肾命，滋肾固精，延年益寿。江浙人服膏，不但强调在冬季，而且讲究从冬至开始，其中便包含着中医阴阳学说"冬至一阳生"，即冬至阳气始生的观念，以及《黄帝内经》"治未病"，也就是采取一定措施预防疾病生发的思想。久而久之，冬至开始服用膏方成为江浙一带的一种养生文化。

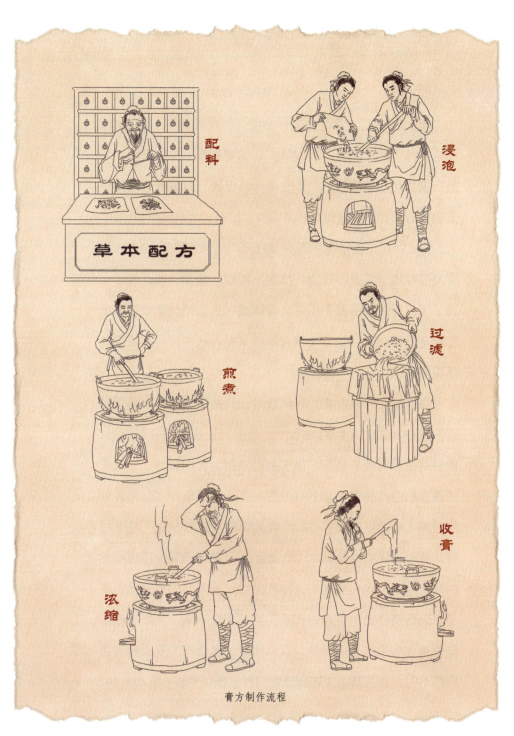

配料

浸泡

煎煮

过滤

浓缩

收膏

膏方制作流程

膏方有"素""荤"之分。由植物煎煮浓缩后，只用冰糖等糖类物质来收膏的，叫"素膏"，如枇杷膏、雪梨膏等；"荤膏"则指用"荤胶"，即驴皮胶、龟板胶、鹿角胶等动物胶来收膏的膏方。膏方的选择要因人、因时、因病而异。

膏方制作工艺复杂严谨。一剂好膏方，从开始制作到完成，要经过浸泡、煎煮、过滤、沉淀、浓缩、化膏、收膏等十一道工序，耗时四十多个小时。膏体成色、加糖比例等都要依靠制膏师傅对药性的掌握、火候的拿捏，其中诀窍多依靠口耳相传。

一剂膏方价格不菲，制作费时，技术要求高，颇能彰显药店整体实力。又因利润丰厚，药工们往往更愿意花心思、费时间细心打磨、钻研，以求精益求精。民国时期，上海药店甚至愿意打破常规，上门为客户煎药。1946 年 12 月 23 日发行的《申报》刊登了一篇编辑部特稿《从膏方说到国药》，对此进行了详细的介绍，其中说道："代客煮药是徐重道所发明的。过去许多大药铺中，神气傲慢，到现在仍不肯代客煮药。但膏滋药素来由药店代煮，甚至把紫铜锅、炭炉、榨床等挑到你府上，当面煮熬，以示慎重。膏滋药的煮法和普通的药不同，药量既多，还要分别药性，加以泡浸。煮的时候，

1946 年 12 月 23 日《申报》第六版所载《从膏方说到国药》一文

那几味先煮，那几味后下，多少时间用武火煮，多少时间用
文火煮，都有讲究。尤其是最后'收膏'的一个阶段，如何
用阿胶，那时放冰糖，不能随便。一个不会煮药的人，简直
不知如何把这满满的一大锅药材煮成小小一磁缸，平白地把
许多贵重的药品浪费了。好在膏滋药是药铺里的好买卖，所
以不惜移尊就教，代为煮熬。"

　　关于膏方的来历，各地常常会流传些神奇的故事，其中
流传最广的是唐代名臣魏徵孝母的故事。传说魏徵的母亲患
有咳嗽气喘，魏徵四处求医，但效果甚微。唐太宗得知此事
后便派遣御医前往为魏母诊治。御医诊断一番后，开出了药

方，以川贝、杏仁、陈皮、半夏等几味中药相配。但魏徵母亲一尝药汁，连连叫苦，坚决不肯喝药。对此，御医亦毫无办法。第二天，母亲告诉魏徵说自己想吃梨。于是，魏徵派人买回梨，切成小块，呈给母亲。可其母又因年老而咬不动梨块。无奈之下，魏徵只得把梨块煎水加糖喂母亲喝。最终，其母喝下半碗梨汤。魏徵灵机一动，在煎梨汤时加入了中药汁，又特意多加了些糖，一直熬到三更。此时，魏徵疲惫不堪，便打了一个盹。待他醒来，药汁早已凝结成了糖块。魏徵取来糖块一尝，糖块入口即化，又甜又香，还有梨子的清凉滋味。欣喜之下，魏徵赶紧呈给母亲品尝。其母尝后也极为喜欢。于是，魏徵便命人日日如此熬药。半个月后，魏徵母亲的咳嗽、气喘大有好转。自此之后，魏徵用药和梨煮汁治疗母亲疾病的事也很快传开了，医家纷纷效仿，并在此基础上制作出川贝雪梨膏。

至于滋补，民间又有俗谚说"药补不如食补"，食补在藏身进补中也十分重要。为了增强体质，抵御寒冷，各地在立冬到来后都要进行"补冬"。一谈到"补"，人们自然就会联想到各种各样传统的补品，比如人参、白木耳、桂圆、燕窝等。除了这些，各地大多是宰杀鸡鸭、炖煮猪肉，有的地方还会配以中药，药食同补。在台湾基隆，人们将立冬称为"入冬"，在这一天炖煮鸡鸭或者羊肉，并加入当归、八珍等滋补药品。再比如有道菜叫"肚包鸡"，菜如其名，指的是用猪肚包住整个鸡来烹饪。此菜还被称为"凤凰重生"，属于粤菜。但此菜肴在江浙地区广受欢迎。南京人爱吃"肚包鸡"，会在其中加入红枣、莲子、人参、枸杞、玉竹、五味子、熟地、姜片、葱白等各种作料。浙江嘉兴一带，人们则喜欢加入水发黄豆、八角、小茴香、绍酒、葱等作料。蒸煮后，猪肚吸收鸡肉的滋味，猪肚香脆且有韧劲，鸡肉鲜嫩可口，汤汁咸鲜醇香，有很好的滋补功效。

冬日天寒，入目一片萧瑟。但这样的夜长风寒中，始有阳气萌动、万物蓄势。冬藏万物，藏的是一份期盼、一份智慧。由此人们便可安享这充满希望的冬闲时光。

贰

消寒图的诞生

古代的御寒条件十分有限，人们对天寒地冻不免生出诸多无助感，便也觉得冬季过于漫长。于是，填涂九九消寒图便成了人们在冬日里的一项休闲娱乐活动。人们在一笔一画中打发冬日的悠长时光，舒缓心中的情绪，也让对春的期盼有了寄托。消寒图第一笔从冬至开始涂染，它的诞生与冬至这一特殊时刻、数九的传统文化以及消寒的观念紧密相关。

（一）重要的时刻——亚岁冬至

冬至，二十四节气之一，一般在每年的 12 月 21 日至 23 日之间交节。冬至日，太阳光线直射南回归线，这是我们所在的北半球白天最短、黑夜最长的一天。这天以后，太阳直射的位置逐渐北移，北半球的白天一天比一天长，气温也一点点地升高。按照古人的阴阳观念，从这一天起，代表白昼温暖的"阳气"开始逐渐盖过代表黑夜寒冷的"阴气"，大地将在和煦的春风中慢慢苏醒。所谓"冬至一阳生"正是此意。

自古以来，冬至便被认为是一个十分重要的日子，它是阴阳转换、冷暖交替的转折点。在漫长的历史发展中，冬至也从作为观象授时（即观测天象以确定时节）的四时之一发展为周历"天正"的岁首，进而成为充满人文色彩的冬节。

清 董邦達 九阳消寒图 台北「故宫博物院」藏

司马迁《史记·历书》记载云："夏正以正月，殷正以十二月，周正以十一月。"殷商时期，以夏历十二月为岁首，冬至月为岁末。周代，冬至所在的建子月（即夏历十一月）被定为"岁首"，奉为"天正"，天子要在此前的十月举行年终大祭——大蜡祭。汉代，宫廷在冬至日要举行腊祭，此日百官会相互拜贺节日。汉代以后，无论在宫廷，还是在民间，冬至都被视为一个特定的节日，在岁时交替、四时更迭中具有特殊的文化意义。唐代时，有"节次周正"之说，冬至是除了元正（春节）以外，唯一放假七天的节日；宋代时也会在元日、冬至、寒食各放假七天；明代时，每年元日放假五天，冬至放假三天。

渐渐地，冬至成为可与新年相媲美的热闹节日，因此又有"冬至节""冬节"之称，民间亦有"冬至大如年"的说法。南宋时，江南民间称过冬至为"做节"。宋末元初周密的《武林旧事》曾记载，当时临安人"最重一阳贺冬"，朝廷在此日要举办大型的朝会庆贺。人们纷纷出门游玩、走亲访友，因为街市上的人太多，以至于临安城中堵塞。开门做生意的商铺此时也要歇业罢市三天，"垂帘饮博，谓之'做节'"。这番热闹的场景，放到如今的年节中也毫无违和感。明代又有"肥冬瘦年"之说。明代文人田汝成的《西湖游览志余》

对此有记载，他的解释是："官府、民间，各相庆贺，一如元日之仪。吴中最盛，故有肥冬瘦年之说。"所谓"肥冬瘦年"，意即当地人将冬至看得比过年还重要，各种仪式游冶活动更有甚于寻常节日。

普通人家，冬至日前后，亲朋好友之间多有人情拜访、礼物馈赠，称为"拜冬"。清代顾禄的《清嘉录》曾记载，苏州一地冬至日，民众"交相出谒。细民男女，亦必更鲜衣以相揖"，人们穿着华美的衣裳交相互拜。街市上提篮担盒之人络绎不绝，装满了各色贺节礼品的礼盒便被称为"冬至盘"。盘内多为吃食糕点，桂花冬酿酒、团子、卤菜等等，丰减不一。讲究体面的人家用的是雕花红漆的食盒，普通人家则担着竹编的盘子。各家之间多赠节物，交际周转之间，亦会出现东家收进而西家送出的笑话。南宋文人颜度《冬至》诗云："至节家家讲物仪，迎来送去费心机。脚钱尽处浑闲事，原物多时却再归。"说的正是这类事。此中虽有嘲讽之意，但也将家家迎来送往、车马节仪喧哗不绝之景描绘得栩栩如生。

清代以来的冬至节俗中依旧保留着诸多与过年习俗相近的内容。清代文人范祖述《杭俗遗风》曾记载十一月冬至时，

清　佚名　十二月月令图·十二月（局部）台北"故宫博物院"藏

杭州一带民众有冬至开腌菜缸、请灶神、切菜花炒肉片、吃包头鱼等习俗，均为杭城过年惯例。据民国时期编纂的《乌青镇志》记载，乌镇一带称冬至节为"小年夜"。冬至节前后，各家商铺都要出门讨账，俗称"冬节账"，地主田主则忙着下乡收租米，一副年关将至的派头。冬至的前一夜，叫"冬至夜"，是家人团聚的日子。一家人饮酒吃饭，其乐融融，这顿饭被称为"亚岁冬至宴"，苏州人也称之为"节酒"。冬至宴菜肴的丰盛程度不亚于过年，有钱人家鸡鸭鱼肉、冷盘热炒，应有尽有，热热闹闹；至于穷人家，只能是冷粥冷饭将就一夜。俗谚有"有的吃吃一夜，没得吃冻一夜""有则冬至夜，无则冻一夜"。

冬至的庄重感还在于此日各家都要举行祭祖仪式。冬至祭祖颇有传统，历史上，皇家要拜天祭祖，乡村里舍也要"设牲醴食馔，荐之祖先"，将牺牲、祭酒、菜肴等摆在供桌上祭祖，以祈求福佑，仪式非常隆重。宋代孟元老《东京梦华录》曾指出北宋时京城民众极为重视冬至节。在这一天，人们要换新衣，准备丰盛的祭品，祭祀祖先。宋代诗人王洋曾因家贫，在冬至日无法置办起体面的祭品祭祖而作了一首《近冬至祭肉未给因叙其事》，诗云："去年至日犹从俗，今年至日曾无肉。食无胾臠情勿伤，祭不毛血贫太酷。起与妇谋宜早计，我典春衫君剪髻。但得豚肩略擎豆，敢事三牲共日祭。"诗人以往祭祖都遵从礼俗用猪牛羊三牲，如今被罢官而无钱置办，只得早起与夫人商量。最终也只能想到典当衣物、剪发髻以换取祭品，然而这样也无法备齐三牲祭礼。于是，他的夫人便劝解道："所闻奉祀贵诚洁，诚果不立丰何为。"的确，祭祀贵在心诚，否则再丰盛的祭品也毫无用处。不过，王洋写此诗时，那一番心酸、无奈之感还是令人十分动容的。

冬至祭祖的习俗绵延至今，在各地也发生了一些变化。比如浙江绍兴人称冬至祭祖为"做冬至"，在家中团聚宴饮之前，依着长幼次序立于祠堂中的祖先像前并依次叩拜。不过在绍兴，做冬至只限于合家祭拜，亲戚之间并不相互拜贺。浙江台州一带聚族而居的村落有"祭冬"习俗，即在冬至日要合族祭祖。祭祀仪式完毕后，全族人在祠堂内聚餐，笑语晏晏、好不欢闹。饭后，还要向六十岁以上老人献猪肉，称为"老人肉"，六十岁的老人得一斤肉，每长一岁便多加一斤肉，以表敬老之意。当晚，戏台演戏，连演五日至七日不停歇，此时四邻八方一起前来看戏，欢声笑语、其乐融融。

尊长敬老，是中国传统的道德观念，冬至的敬老仪式则更带有祈愿长者身体安康之意。这是因为在传统观念中，冬至阴阳交错之时，在物资较为匮乏的时代，家族内部的凝聚是顺利地度过新旧交接时间点的重要保障。家族成员会尤为关注族内的老人是否温饱，比如冬至又被称为"履长节"，此日有儿媳叩拜公婆尊长，敬献新鞋新袜，以表示孝心的习俗。若是追溯起来，此习俗汉代便有。汉末三国的曹植在《冬至献袜履表》中曾说："国家冬至，献履贡袜，以迎福践长。"

清　佚名（传仇英）　二十四孝图页·百里负米　美国普林斯顿大学美术馆藏

南宋　马麟　暮雪寒禽图　台北"故宫博物院"藏

明代文人田汝成的《西湖游览志余》也曾记载："春粢糕以祀先祖，妇女献鞋袜于尊长，亦古人履长之义也。"而在民国方志中，我们仍然可以寻找到有关记载，并称此俗"今行之"。在这白日渐长、一阳新生的日子里，晚辈为长辈献上鞋袜，寄意除灾迎福，保佑老人在新岁之际长寿安康。

"一阳初起处，万物未生时。"（北宋·邵雍《冬至吟》）从古至今，在人们的观念中，冬至蕴含了特殊的文化意蕴。在阴阳更替、新旧交接中，天地宇宙生机渐起，人们努力地迎接生命的自我更新。于是，此时落笔消寒图的意义便也不言自明了。

（二）有趣的歌谣——数九歌

消寒图又被称为"九九消寒图"，它与冬至数九的习俗关系密切。"数九"是古人发明的一种计算寒冷天数的方法。尽管冬至标志着气候冷暖变化的转折，但事实上这个节气一过，我国大部分地区都进入了冬季最寒冷的阶段。对现代人来说，冬天并没有什么可怕的，身上有轻巧保暖的羽绒服，家里有温暖的暖气，也不必担心食物的匮乏。然而对古人而言，漫长的冬季不仅夜长昼短，而且寂寥寒冷，因此渴望平安过冬、期盼春暖花开的心情自然要比现代人强烈得多，而"数九"正好安抚了他们急迫的心情。

具体来讲，"数九"从冬至日开始，每九天成一个时间段，第一个九天叫"一九"，第二个九天叫"二九"，以此类推，当数到"九九"（八十一天）时，便迎来了春深日暖、桃花盛

清　陈字　文房集锦册·桃花坞村　台北"故宫博物院"藏

开的日子。每个"九天"中天气冷暖变化不同，人们凭着长期的经验对此进行了形象的记录和总结，编成歌谣四处传唱，这就是"数九歌"，也叫"九九歌"。

"九九歌"从冬至开始唱，从"一九"到"九九"，历数冬至到来年春分的冷暖阴晴，音韵流转之间也记录了冬春转换之间自然天气、动植物生态变化规律，还有各种丰富多彩的家庭、社会活动。有趣的是，历代文人在文集、方志中记录了不同时期的"九九歌"，或许也是在漫漫寒冬中感受到

了这首歌谣的生动与活力吧。其中较为有名的一首是清代才子顾禄在《清嘉录》上记载的流传于苏州的"数九歌":

一九二九,相唤弗出手;三九廿七,篱头吹觱栗;四九三十六,夜眠如露宿;五九四十五,穷汉街头舞,不要舞,不要舞,还有春寒四十五;六九五十四,苍蝇垛屋欣;七九六十三,布衲两肩摊;八九七十二,猫狗躺淘地;九九八十一,穷汉受罪毕,刚要伸脚眠,蚊虫獦蚤出。

这首"数九歌"生动地描写了清代末年苏州一带人们过冬的情形。唱词中说,一九二九的时候,天气太冷,大家只能把手缩在袍子里,不敢伸出来;到了三九,北风呼呼刮在篱笆头上,发出呜呜的吹箫声;四九天的晚上,被窝也冻成了冰,睡在里头冷得就像睡在野地里;五九到了,差不多该过新年了,这时候穷汉们就挨家挨户跳着舞迎接财神、送灶王、送春贴,可是,他们跳舞没有用,因为春天还没到呢,还有四十五天寒冷的日子;六九之后,天气一下子暖了起来,苍蝇飞出来了;到了七九,已是春暖花开,路人都脱下厚衣服搭在肩上;八九天气变热,连小狗小猫也要找地方躲荫凉了;

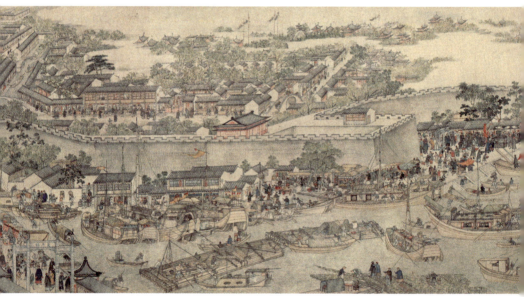

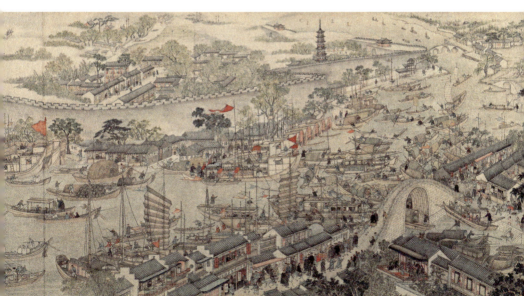

清　徐扬　姑苏繁华图（局部）辽宁省博物馆藏

转眼九九八十一天过去了，天气大热，这时候熬过寒冷的穷人刚刚想伸展身体，好好睡一觉，谁知蚊虫跳蚤都出来了。可见，那时候穷人过日子实在不容易呀。

此外，元末明初陆泳的《吴下田家志》中也记录了彼时江南地区的"九九歌"："冬至前后，泻水不走。一九二九，相唤弗出手；三九二十七，篱头吹筚篥；四九三十六，夜眠如鹭宿；五九四十五，太阳开门户；六九五十四，贫儿争意气；七九六十三，布衲两头担；八九七十二，猫狗寻阴地；九九八十一，犁耙一齐出。"

明代刘侗、于奕正的《帝京景物略》中还以"九九歌"唱北京风物曰："一九二九，相唤不出手；三九二十七，篱

头吹觱篥；四九三十六，夜眠如露宿；五九四十五，家家堆盐虎；六九五十四，口中呬暖气；七九六十三，行人把衣单；八九七十二，猫狗寻阴地；九九八十一，穷汉受罪毕，才要伸脚睡，蚊虫蟥蚤出。"而清代潘荣陛《帝京岁时纪胜·十一月·消寒图》中记载的北京冬至"九九歌"则简化了不少，歌曰："一九二九，相逢不出手；三九四九，冰上走；五九四十五，穷汉街前舞；七九六十三，路上行人着衣单。"

到了现代，"九九歌"依然传唱不衰。由于我们国家幅员辽阔，不同地区气候寒暖不一，因此各地的"九九歌"唱词也不一样，各具特色，生动有趣。有一首传唱于湖南长沙的"数九歌"，唱词是这样的：

初九二九，相逢不出手；三九二十七，檐前倒挂笔；四九三十六，行人路途宿；五九四十五，穷汉阶前舞；六九五十四，枯桠枝发嫩刺；七九六十三，行人路上脱衣裳；八九七十二，麻拐子（青蛙）田中唱；九九八十一，脱去蓑衣戴斗笠。

这首"九九歌"的内容大致是说，一九二九天气十分寒冷，冷得大家把手插在袖筒、口袋里，连见了面都舍不得伸出手来打招呼；三九天，冰柱倒挂在房檐前，硬邦邦得像一支支笔；四九到了，人们忙着回家过春节，风餐露宿也不怕辛苦；五九便是新年，乞丐穷人就在别家门口唱歌、跳傩舞、送财神，讨一点赏钱过日子；六九之后，光秃秃的枝丫上冒出了嫩芽；到了七九，天气暖和起来了，行人热得把冬衣脱下；八九之后，田野里就可以听到青蛙呱呱叫了；到了九九，整整八十一天过去，人们得戴上斗笠来遮阳。

由此，我们可领略一番湖南地区冬季的生活风貌。各地的"数九歌"产生于人们世世代代生产和生活经验的基础上。在传唱中，人们不断重温着自己家乡的生活，于是寒冷、枯燥的冬日，似乎也多了一些暖意和生动的气息。

此外，还有北京一带流传的"数九歌"："一九二九不出手；三九四九冰上走；五九六九，沿河看柳；七九河开，八九雁来；九九加一九，耕牛遍地走。"

四川一带传唱的"数九歌"则是这样的："一九二九，怀中插手；三九四九，冻死猪狗；五九六九，沿河看柳；七九六十三，路上行人把衣担；八九七十二，猫狗卧阴地；九九八十一，庄稼老汉田中立。"

清 杨大章 仿宋院本金陵图（局部） 台北"故宫博物院"藏

　　旧时南京曾有一首"冬九九歌"："一九到二九，相见不出手；三九二十七，寒风打竹篱；四九三十六，夜眠如露宿；五九四十五，穷汉街头舞；六九五十四，篱芽发嫩刺；七九六十三，行人把衣担；八九七十二，河上冰无盖；九九八十一，穷汉受罪毕，才得放脚眠。"二十世纪五六十年代，在南京城中还流行过一首"数九歌"："一九二九，银花插柳；三九二十七，香橼冻成蜜；四九三十六，娃儿冻得哭；五九四十五，穷汉街头舞；六九五十四，蔷薇发嫩刺；七九六十三，行人把衣担；八九七十二，行人要带扇（儿）；九九八十一，猫狗躲阴壁。"

还有一首陕西"九九歌"，将九九歌谣与民间传统曲艺道情（道士或艺人演唱的一种"道曲"或"道歌"，内容多宣传因果报应或劝人行善等）相结合，十分有趣，其词为：

一九算来刚九天，周幽王驾坐临潼山。

烽火台上戏诸侯，十万里江山难保全。

二九算来一十八，信陵君领兵把贼杀。

盗来虎符救赵国，将军美名传天下。

三九算来二十七，韶关逃出伍子胥。

善恶到头终有报，钢鞭打碎楚王尸。

四九算来三十六，吴王沉醉在姑苏。

贪恋酒色乱朝政，锦绣山河付东流。

五九算来四十五，秦王用计灭诸侯。

楚汉相争刘邦胜，霸王自刎乌江头。

六九算来五十四，王允定下连环计。

吕布杀死贼董卓，貂蝉功名万古题。

七九算来六十三，昭君出塞去和番。

琵琶抱在马鞍上，放声哭出雁门关。

八九算来七十二，杨贵妃马嵬一命亡。

忠心太监高力士，阳世阴间陪君王。

九九算来八十一，王宝钏飘彩选夫婿。

彩球打中薛平贵，在城南寒窑结夫妻。

　　有谚云："夏至三庚入伏，冬至逢壬数九。"中国古代用天干地支来纪日，根据这句民谚，数九要从冬至后第一个壬日开始，与后来习惯从冬至开始不同。而这种更加古老的数九的方法在我国许多地方口口相传，至于它起源于何时尚无明确的结论。时至今日，作为童谣的"九九歌"在传唱中展现给当代人的则是当时的市井人文、自然风貌，还有先人的智慧与他们的生活。

（三）神奇的数字——"九"

从"冬至进九"到"九九歌"，消寒图与"九"时刻相伴。这数字"九"到底有何等神秘的魅力呢？民国时期的历史学者丁山有一篇专门解释数词最初意思的文章《数名古谊》，他在里面提道："九本肘字，象臂节形……臂节可曲可伸，故有纠曲意。"就是说，"九"是一个象形字，本来表示"肘"，因为手肘可以弯曲，也可以伸直，所以又引申出纠结盘曲的意思。但在甲骨文中，"九"就已经被用作数词。若我们再细细想一下，就会发现在许多的使用场景中，"九"的文化意义又早已超越了数字本身的计数功能，这也让"九"变得更加神秘。

古人以为九是极大、极多之数。《黄帝内经·素问》称"九"为"天地之至数"，认为"天地之主数始于一，终于九焉"。

意思是说，数字是从"一"开始，到"九"终结的。计数时，超过九，就要进一位，又回到"一"了。古人由此认为就算是再大的数，它的尾数也大不过九。所以，清代文字学家朱骏声在《说文通训定声》一书中指出："古人造字以纪数，起于一，极于九，皆指事也。"

正因为"九"是一个极限数字，古人在分析、处理自然和社会事物时，常常以"九"来规划、划分整体对象。古代的宇宙、天地都按"九"来划分。战国末年秦国宰相吕不韦曾经集合门下宾客们编撰了一部包罗万象的奇书——《吕氏春秋》，当时号称字字珠玑，成语"一字千金"就是出自这里，这本书中就指出："天有九野，地有九州，土有九山，山有九寨，泽有九薮，风有八等，水有六川。"又相传周武王向商纣王的叔父箕子探问变革天下、一统人心的天道。怀着一腔悲悯的箕子，便将名传千古的"洪范九畴"倾囊相授。"洪范九畴"，即是大禹立国治理天下的九大纲领性指导思想。让我们再来看看中国最早的一部关于典章制度的著作《周礼》中关于"九"的记载。《周礼》指出周代将王畿（都城及其周围由周王直接统治的区域）以外的土地划分为九等，称为"九服"；把百姓的职业分为九种，叫"九职"；为天子接待不同来朝者制

清　佚名　缂绣九羊启泰轴　台北"故宫博物院"藏

定了九种礼节，叫作"九仪"；天子居住的地方是"九门"；天子嫔妃也设立九个，称作"九嫔"。可见，"九"在很早的时候就具有与皇权相关的意义。与帝王有关的事物多以"九"计数，老北京许多建筑都能与"九"搭上边，比如天安门城楼是九重楼，皇家建筑大门上的门钉是纵九横九，北海和故宫有九龙壁，故宫四个角楼的结构是九梁十八柱。

久而久之，"九"渐渐带上了神秘的色彩。从古至今，凡是极远、极高、极广的事物，人们都用"九"来形容。天的高度是"九重"；极高的所在，是"九霄云外"；土地广袤，是"九州"；极冷的时候，是"数九寒天"；极深的地方，是"九泉之下"。中国神话中，我们也能找到不少跟"九"有关的神奇形象，比如九头鸟、九色鹿、九耳犬、九尾狐等等。

若是再加上谐音字，"九"的用处就更大了。"九"与"久"谐音，顺理成章地，"九"成了大家公认的具有吉祥寓意的数字，从古至今皆然。最能体现这一点的便是"九九重阳节"。在古代人的阴阳观念中，奇数代表阳，象征天；偶数代表阴，象征地。"九"是阳数，农历九月九是两个阳数重叠，因此这个节日便被命名为"重阳"。"九九"谐音"久久"，意为长长久久，包含着祝愿长辈长寿安康的吉祥之意。在历史上

"九九重阳节"也被认为是老人节。三国时期，魏文帝曹丕在《九日与钟繇书》中就曾说："岁往月来，忽复九月九日。九为阳数，而日月并应，俗嘉其名，以为宜于长久，故以享宴高会。"在少数民族中，九月九日则有更多的叫法和各种习俗，比如布依族称之为"九月九"，畲族在这天有目莲山歌会，彝族称之为"拜祖节"，壮族称之为"祝寿节"，抑或"送火神节""百灵节"，苗族称之为"爬坡节"，凡此种种不胜枚举。

冬至数九正是与此番意义有关。二十四节气进入冬至，气候也就进入了最寒冷的阶段。不过古人认为阴极之至，阳气始生，阳长阴消象征暖来寒去。九是极数，蕴含着最大、最多、最长久的概念。九九八十一，更是再大不过的数了。加之，九又是"至阳"之数。至大、至阳的累积意味着阴气的日益消减，累积到九次，已是大无可大了，便是指已到了极致，于是自然是寒去暖来，春耕可以开始了。

有趣的是，同样的意思也被用到了消夏的概念上。除了"冬九九"外，民间还有"夏九九"。元代时，人们就从夏至日开始数"九"，每九天为一九，称为"夏九九"，且与"冬九九"有"数九歌"一样，夏九九也有"九九歌"。

元末明初文人陆泳的《吴下田家志》曾记载一首"夏至九九歌":"一九二九,扇子不离手;三九二十七,冰水如甜蜜;四九三十六,拭汗如出浴;五九四十五,头戴秋叶舞;六九五十四,乘凉入佛寺;七九六十三,床头寻被单;八九七十二,思量盖夹被;九九八十一,家家打炭墼。"

明代博物学家、诗人谢肇淛编撰的随笔札记《五杂俎》中也有一首"夏至后九九气候谚",其词为:"一九二九,扇子不离手;三九二十七,冰水甜如蜜;四九三十六,汗出如洗浴;五九四十五,头戴秋叶舞;六九五十四,乘凉入佛寺;七九六十三,床头寻被单;八九七十二,思量盖夹被;九九八十一,阶前鸣促织。"

湖北省老河口市一座禹王庙正厅的榆木大梁上也写有一首"夏至九九歌",其词为:"夏至入头九,羽扇握在手;二九一十八,脱冠着罗纱;三九二十七,出门汗欲滴;四九三十六,卷席露天宿;五九四十五,炎秋似老虎;六九五十四,乘凉进庙祠;七九六十三,床头摸被单;八九七十二,子夜寻棉被;九九八十一,开柜拿棉衣。"

如今"夏九九"已经淡出了我们的生活,大约是因为夏至节气的种种节物逐渐归于端午。于是,从夏至开始的"夏

九九"便缺少了热闹的节日、有趣的图画游戏，以及各种纪
念物的支撑。久而久之，人们便也渐渐遗忘了"夏九九"吧。
不过，"冬九九"因为伴有填涂"九九消寒图"的游戏，依然
广泛流行。

元　朱德润　松涧横琴图　台北"故宫博物院"藏

（四）休闲的聚会——消寒会

说了冬至和"九九"，最后，让我们回到"消寒"的话题上。顾名思义，消寒就是消解寒冷的意思。漫漫严冬，人们停止了劳作而窝在屋子里躲避寒冷，生活多少有些乏味，于是便想出来各种娱乐游戏作为消遣。比如，文人雅士、贵族富商会相互邀请、聚坐在一起吟诗作画，人们称之为"消寒会"，也叫"暖冬会"。

消寒聚会的习俗历史悠久。五代时期的文人王仁裕写了一本笔记小说叫《开元天宝遗事》，书中主要讲述了唐代开元、天宝年间的奇闻逸事，其中就提到了一个叫"扫雪迎宾"的故事，说的是唐开元年间，长安有一位巨富叫王元宝，每到腊月大雪过后，他就在家中大摆宴席，呼朋唤友饮酒取乐，并且命令仆人扫雪，从家门到坊巷口所有的积雪都打扫得干干净净，王元宝自己则亲自拱手站立在巷口，迎接宾客参加宴会。这里提及的宴会便是唐朝人在寒冬举行的"暖冬会"。王元宝是当时的一个大富豪，连他都如此热衷于举办暖冬会，想来此习俗在唐时文人雅士、商贾富家中颇具人气。到了宋代，这一活动依旧盛行不衰，南宋诗人范成大的《严子文以诗见寄次韵》一诗中便有"笙歌暖寒会，当任主人为"的诗句。

清朝时，消寒会在北方非常流行。据描写北京当时种种掌故逸闻、风物民俗、名胜古迹、商业风貌的《燕京杂记》一书记载："冬月，士大夫约同人围炉饮酒，迭为宾主，谓之'消寒社'。好事者联以九人，定以九日，取九九消寒之义。"文人士大夫们从冬至"进九"之后开始，每逢"九"便聚集在一起，轮流做东，与会人数也必取"明九"或"暗九"（如十八、二十七）之数。组织一个消寒会并不复杂，主人事先准备好数十张纸，和大家约定好聚会的时间、地点。到了日子，参会各人携带笔砚，聚到一起，选题作画。各色山水、花卉、草虫等皆可入画。画毕，主人家将画作张贴在四周的墙壁上。大家一边饮酒，一边观画品评，十分风雅。在古典文学名著《红楼梦》第九十二回中也有描述消寒会的情节：贾母要办消寒会，邀请了大观园里的太太姑娘一起热闹，连宝玉也不必上学了。

《红楼梦》后四十回是高鹗续写的，可见在他看来，消寒会可是冬季的大事。清末诗人黄遵宪所作《日本杂事诗》云："让叶劳薪插户前，人人都道是新年。故乡正作消寒会，兽炭红炉一九天。"彼时黄遵宪作为驻日参赞官（一国驻外使馆中仅次于大使的高级外交人员）出使日本，正值当地新年，不由想起了家乡九九消寒会的热闹情景。

彼时"消寒"一词还被许多诗社拿来作为名称。其中最有名的当属清嘉庆、道光年间以翰林院学士为主的文人在北京发起的消寒诗社（后改名为"宣南诗社"）。翰林院学士主管编修国史，记载皇帝的言行起居，草拟有关典礼文件。清代时长官为掌院学士，其下有侍讲、侍读、庶吉士等。清嘉庆九年（1804）冬，翰林院庶吉士陶澍与同科进士洪介亭、夏修恕等人一同创建消寒诗社。第一次聚会以"赏菊"为题作诗，陶澍作七言古诗《消寒书屋赏菊》："连日西风如发覆，催放堂前金色菊。诗人速客展重阳，一樽对花巾不漉。入席杂坐礼数宽，尔汝脱尽儒生酸。袖中赋草出新制，颜弓宛转同传观。"第二次聚会则以"忆梅"为诗题。后来社员胡承珙在《消寒诗社图序》中评价诗社说，社员们"不独消寒……时复商榷古今上下"，意思是大家聚在一起不仅是为了消寒，

清 石涛 西园雅集图卷（局部） 上海博物馆藏

除了作诗，也探讨学问，讨论历史，交流观点，以扩充见闻，解除读书中的疑惑。不过总的来说，消寒会仍然还是一种"文酒唱酬之乐"，以喝酒作诗的音乐活动为主。晚清宗室诗人爱新觉罗·宝廷曾经连续三年参加冬至消寒社雅集并与社友吟诵唱和。他的诗文集《偶斋诗草》中留有三首冬至消寒社诗作。

清末，天津最有名的消寒诗社为名士杨光仪所创。杨光仪，字香吟。其曾祖杨世安迁到天津，以盐业致富，家中世代为盐商。杨光仪自幼跟随父亲读书，古代讲究读书致仕，只有通过科举考试才能做官，但杨光仪却屡试不中，加之鸦片战争爆发，有感于时局变迁，便断绝了应试做官的念头，寄情于诗歌，在当时被视为"津门诗坛领袖"。清光绪十八年（1892），杨光仪与门生、同学创立消寒诗社，前后多达二三十人入社。每次集会时，他们都会选择不同的诗题和韵脚，然后各自作诗，所得诗篇后来被编辑成《消寒集》。

历史上，南京同样有消寒会。近代学者潘宗鼎编纂的《金陵岁时记》一书中就有相关记载："吾乡当冬至节后，九人相约宴饮，自头九以至九九，各主东道一次，名曰消寒会。文人墨客饮酒之余，兼及韵事。吴麐伯师《消寒会集》有句云：'有酒但谋金谷醉,无钱不顾铜山摧。'"冬至后当地文人逢九相约,以九为数;九九八十一天中,九人轮流坐庄,吟诗作画。近代学者夏仁虎在著作《岁华忆语》中也有相关记载:"金陵文人,率有消寒会。会凡九人,九日一集,迭为宾主。馔无珍馐,但取家常,而各斗新奇,不为同样。岁晚务闲,把酒论文,分题赌韵,盖宴集之近雅者。"由此可知,民国时此俗依旧。消寒会上,参会者和诗,填涂消寒图,好不快乐。除此之外,一般席间还要行酒令,这是古代常见的一种助兴游戏。消寒会上的酒令,其内容要与"九"相关,大家轮流行令,输的人就要罚酒。酒席上的菜肴则要用九盘、九碗摆成,这叫作"花九件",取的也是九九消寒的意思。

说到消寒诗,除了常见的文人诗,历代文人墨客亦有吟诵数九之诗作,其中清道光年间,山东潍坊进士王之翰曾经依据"九九"期间的天气变化情况,每过一九时便写绝句一首,共九首,名为《九九消寒诗》。后人将他的这九首绝句分别写在八十一格的"八卦爻象图"内,诗曰:

一九冬至一阳生,万物资始渐勾萌;

莫道隆冬无好景,山川草木玉妆成。

二九七日是小寒，田间休息掩柴关；

室家共享盈宁福，预计来年春不闲。

三九严寒水结冰，罢钓归来蓑笠翁；

虽无双鲤换新酒，且喜床头樽不空。

四九雪铺遍地平，朔风凛洌起新晴；

朱绵公子休嫌冷，山有樵夫赤足行。

五九元旦一岁周，茗香椒酒答神庥；

太平天子朝元日，万国衣冠拜冕旒。

六九上元佳景多，满城灯火映星河；

寻常巷陌皆车马，到处笙歌表太和。

七九至数六十三，堤边杨柳欲含烟；

红梅几点传春讯，不待东风二月天。

八九风和日迟迟，名花先发向阳枝；

即今河畔冰开日，又是渔翁垂钓时。

九九鸟啼上苑东，青青草色含烟蒙；

老农教子耕宜早，二月中天起卧龙。

从"一九""二九"的冬闲，到"三九""四九"的极寒天气，继而进入"五九""六九"的欢度新春，然后是"七九""八九"

时雨水、惊蛰时节的到来，最后"九九"则春耕月如期而至。诗中内容十分丰富，读来也颇具趣味。

"寒事欲无几，春归方有期。"（北宋·刘敞《冬至》）连冬起九，数九消寒，每天涂抹一笔，在不知不觉中，春天就近了。九九消寒图由一种单纯的游戏逐渐成为具有独特中国传统韵味的文化符号，它象征着寒冷之中的春意，并以其特殊的形式丰富着我们今天的生活。

明末清初　佚名　梅竹图页　纽约大都会艺术博物馆藏

叁

异彩纷呈的消寒图

消寒图的种类、样式很多，大致有梅花型、圆圈型、文字型，还有年画型。

（一）最风雅：梅花型消寒图

梅花型消寒图被称为"雅图"。图上先画素梅一枝，梅花或正或侧，或盛开，或尚为花苞，共八十一瓣。每天染红一瓣，到第九九八十一天时，花瓣全被涂染成了红色，就是一枝红梅迎春风。古代闺阁中的女子早起化妆时便用胭脂晕染一瓣，别有趣味。现代人为图方便，有时也会在枝干上画九朵花，每朵各有九片花瓣，但这样一来似乎少了一些"梅"意。

1.小故事

传说梅花型消寒图是南宋抗元将领文天祥首创的。当时文天祥战败，被元军俘虏，押解到元朝的大都，投入监牢。被关押在暗无天日的牢房中，文天祥心情十分郁愤。为计算关押的天数，也为了疏解心情，便在墙上画了一株素梅。时

徐世昌　九九消寒图　私人藏

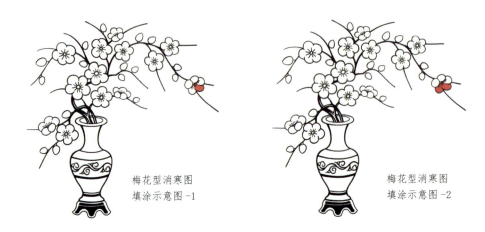

梅花型消寒图
填涂示意图 -1

梅花型消寒图
填涂示意图 -2

至冬至，他便开始每天涂抹一瓣。谁知花未涂染完，他便血洒刑场，只留浩然正气在人间。后来人们将这梅花图称为"消寒图"，而文天祥的英雄气概正如寒冬里的梅花般傲雪凌霜，让后人敬仰。

2. 染梅小技巧

梅花消寒图的画法十分简单。从冬至这天起画一枝素梅，枝上画八十一片花瓣，代表"数九天"的八十一天。为方便计数，可以画九条枝丫，每条各画九瓣。每瓣代表一天，每过一天就用颜色涂染一瓣，涂染完九瓣，就过了一个"九"。九九尽，春已深。这种画法已流传几百年。明代时被刘侗、于奕正详

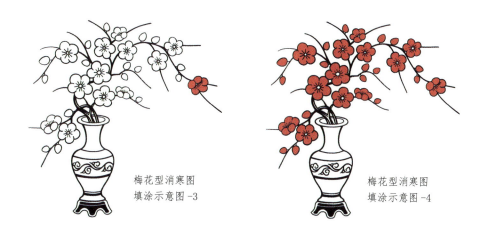

梅花型消寒图
填涂示意图 -3

梅花型消寒图
填涂示意图 -4

细记录在他们撰写的历史地理著作《帝京景物略》中："日冬至，画素梅一枝，为瓣八十有一，日染一瓣，瓣尽而九九出，则春深矣，曰'九九消寒图'。"

3. 小知识

梅花型消寒图的样式至少在元代时就已出现。元代诗人杨允孚的《滦京杂咏》其六十九："试数窗间九九图，余寒消尽暖回初。梅花点遍无余白，看到今朝是杏株。"诗里写的便是染梅消寒，九尽春深，屋内的红梅图与窗外盛开的杏花两相映照的场景。

现存较早的梅花九九消寒图是明代弘治年间刻板拓本，

高 88 厘米，宽 39.5 厘米。图中央画胆瓶内插素梅一枝，若是细细数一数梅花枝干的花瓣，正好九组，每组九瓣，正合九九之意。胆瓶周围有十格，从左下一格起，画着从"一九"至"九九"的不同气候景物，每景配诗一首。其中"九九"的图画，画面里正是红杏出墙、桃花满树的春分时节，此时书生骑马远游，书童担书随行。全图下方题跋记有"大明弘治纪元岁次戊申秋七月"字样，此图距今已有五百余年之久。

明弘治年间刻板拓本
"九九消寒图"

明弘治年间刻板拓本
"九九消寒图"右下第九格之"九九"

（二）最简单：圆圈型消寒图

圆圈型消寒图是消寒图中最简单、最普遍的样式。根据画法与圆圈形状不同，可以分成点九图、涂圈图和铜钱图。

1."点九"小技巧

在一张白纸上画九个大方格，边上写一首"九九歌"。每个格子中间用圆筒形笔套蘸墨画上三排圆圈，每排三个，三排九个，九个大方格正好九九八十一个圆圈。从冬至开始，根据每天天气情况在圆圈不同位置上"点九"。"点九"的口诀为："上点晴（ ），下点阴（ ），左风（ ）、右雨（ ）、雪中心（ ）。"

2.涂圈小技巧

按照上面的方法，画出九大格九九八十一个圆圈，依照"上阴下晴，左风右雨，雪当中"的规则给圆圈涂色。阴天时在

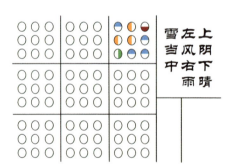

圆圈型消寒图填涂示意图 -1

圆圈型消寒图填涂示意图 -2

圆圈型消寒图填涂示意图 -3

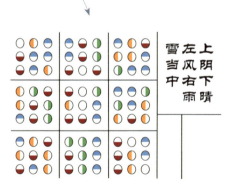

圆圈型消寒图填涂示意图 -4

圆圈的上半部分涂色，晴天时在下半部分涂色，刮风时涂圆圈左侧，下雨时涂右侧，下雪时则在圆圈当中涂色。

除了传统的黑色，也可以涂彩色。不过彩色也不能随便涂，有个记录画法的顺口溜唱道："晴天红，阴天蓝，刮风黄沙起，下雨长绿叶，一片大雪中间白。"具体地说，就是晴天时涂红色，阴天时涂蓝色，下雨时涂绿色，刮风时涂黄色，下雪时可以涂白色或空白不涂。

3. 小知识

清代富察敦崇《燕京岁时记》记载："消寒图乃九格八十一圈。自冬至起，日涂一圈，上阴下晴，左风右雨，雪当中。"让廉《京都风俗志》亦有"冬至日，俗谓之属九。或画纸为八十一圈。每日分阴晴，涂一圈记阴晴多寡，谓之九九消寒图，以占来年丰歉"之句，指的都是这种圆圈型的消寒图。中国第一历史档案馆中藏有一幅溥仪所绘的《消寒益气歌》图，其绘制方法也与之类似，只是比一般的圆圈型消寒图更复杂一些，它的每个圈中可以填多种符号，以表示当天复杂的天气状况。

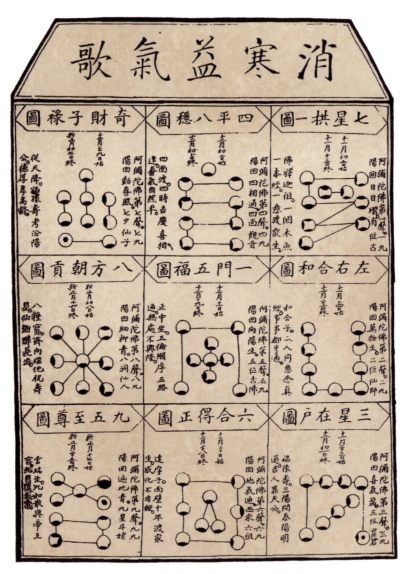

清　溥仪　消寒益气歌　中国第一历史档案馆藏

（三）最实用：铜钱型消寒图

圆圈型消寒图除了简单的圆圈以外，还有用圆形方孔铜钱式样来填涂的。

1.小故事

说起铜钱型消寒图，天津一带流传着一个民间传说。相传清朝初年，天津有个秀才，家中贫穷。某年冬至时，穷秀才的妻子将要生孩子了，可是穷秀才身上只有一文铜钱。正当穷秀才捏着这一文铜钱不知所措时，他猛然想起明朝人刘侗、于奕正合著的《帝京景物略》中有关于素梅消寒图的记载，又想到当天正是冬至,照着手中的铜钱描画新型的消寒图，再把图拿到街上去售卖，说不定还能赚几个铜钱。于是，秀才立马动手画了起来。他在纸上画出九行，每行内打九个格子，每个格子里又照着铜钱的样子描了九个轱辘线。九行九

铜钱型消寒图填涂示意图-1

铜钱型消寒图填涂示意图-2

格，正好代表从冬至"进九"到"出九"的八十一天。秀才看着新创的消寒图，心中一阵高兴，编了一首《寒歌诀》说明填涂的方法："冬至一阳生，滴水冻成冰，上黑是天阴雨，下黑是天晴空，心黑天寒冷冻，心白暖气升腾，满黑纷纷飞雪，左起雾右刮风。"秀才把歌诀写在图中空白处，又照样画了几十张拿到街上，一边唱着《寒歌诀》，一边售卖消寒图。如此新颖的消寒图引得路人纷纷停下脚步，凑过来围观。不一会儿，铜钱消寒图就卖完了，秀才用卖图的钱，不仅请来了接生婆给妻子接生，还买了补品，过了个好年。后来，穷

铜钱型消寒图填涂示意图 -3

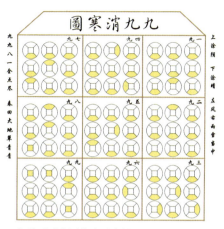

铜钱型消寒图填涂示意图 -4

秀才平日里做些小买卖，到冬至前后便售卖消寒图，日子过得十分滋润。

2.涂抹小技巧

铜钱型消寒图的涂抹位置与圆圈型的一样。人们把涂抹的规则编成了一首民谣，歌词为："上阴下晴雪当中，左风右雨要分清。九九八一全点尽，春回大地草青青。"

3.小知识

铜钱型消寒图流传在民间，式样也变得更加多样，人们往往会在一连串铜钱边上添上一些图画，写上几句风趣之语，

让隆冬的生活变得"有说有笑"。比如下边这幅河北武强年
画《九九消寒图》，画面右侧是八十一个铜钱图样，中部画
着一个"老虎拉碾子"的形象，还有一句歇后语"老虎拉碾
子——不听那一套"。右上侧则写有唐代杜甫的诗歌《小至》：
"天时人事日相催，冬至阳生春又来。刺绣五纹添弱线，吹
葭六管动浮灰。岸容待腊将舒柳，山意冲寒欲放梅。云物不
殊乡国异，教儿且覆掌中杯。"关于杜甫这首诗里写的"小
至"究竟是哪一天，人们说法不一。有的说是冬至的第二天，
也有的说是冬至前一天，不过大致可以推断时间在冬至前后。
在这首诗里，诗人杜甫感叹时间过得真快，转眼又到冬至了，
过了冬至白日渐长，天气日渐回暖，春天即将回来。

清代河北武强年画《九九消寒图》

092

（四）最含蓄：阴阳鱼型消寒图

阴阳鱼型消寒图也是圆圈型消寒图的一种。阴阳鱼由黑白两色构成，黑是阴，白是阳。黑色中有一个白色的圆眼，白色中有一个黑色的圆眼，好似两条头尾相连的大头小鱼。在一个圆圈中，黑白之间的界限是一条波动的曲线，仿佛两条小鱼游动了起来。

1. 小故事

阴阳鱼的形象来源于古老的太极图，太极图的故事则是与伏羲的传说有关。相传在上古之时，在无边无际的空中有一个大黑球。经过十万八千年之后，黑球突然开始旋转起来。在不停的旋转中，黑球里生长出一个巨人，巨人在大黑球里沉睡，呼出的是黑气，吸入的也是黑气，这个巨人就是伏羲。又过了十万八千年，伏羲苏醒了。他生有一双明亮的眼睛、一双顺风耳、一颗七窍心、一副万眼肺、一张能吞云吐雾的嘴，还有一双能够日行千里的长腿。伏羲催生了光明，创造了天、地和人类。伏羲耗尽了自己的神力，于是对他来说一切都变得混沌起来了。伏羲只记得世界的原初模样是一个大黑球。他画下了一个圆，一半黑，一半白，黑白相间，黑中有白，白中有黑，像两条游动的小鱼紧紧相依。这就是流传千古的伏羲古太极图。后来，人们又把这两条黑白分明的鱼形样式绘入消寒图中，创制出一种新型消寒图。如今，在中国第一历史档案馆的《溥仪全宗》案卷中还收藏着一幅清朝末代皇帝溥仪涂画的《阴阳鱼消寒图》。

2.涂抹小技巧

阴阳鱼消寒图涂抹的方法跟圆圈型消寒图大体一致，根据每日的天气情况，按着"上阴下晴，左风右雨，中间雪"的规则来涂抹。图中黑色和白色在圆中所处的不同位置便含蓄地表达了"冬九九"中每一天的冷暖阴晴。

清　溥仪所填《阴阳鱼消寒图》　中国第一历史档案馆藏

（五）最受欢迎：文字型消寒图

清代的时候，消寒图的流行样式不断发生变化，皇宫里盛行"写九"的习俗。就是写九个双勾空心的汉字，每个汉字九画，象征九九八十一之数，供游戏者在八十一天内描红。

1. 小故事

清代学者吴振棫在其史料笔记《养吉斋丛录》中记载了清朝道光皇帝御制消寒图的趣闻。当时，道光皇帝亲手绘制了一幅《九九消寒图》，图的最上面写着"管城春满"四个字，下边御笔题写"亭前垂柳珍重待春风"九个字，每个字（繁体）都是九笔，共八十一笔，正合了九九归一、寒尽春来的寓意。道光皇帝御笔手书之后便把此图交给了在懋勤殿（皇帝书斋）中当差的侍从，让他们用双勾正楷字勾好，并装裱悬挂，题名为"管城春满"。后来皇帝又命令翰林院的学士们每日描一笔，并在图画空白处细细记录每一个"九"的起始和结束日期。仔细看这张图，"亭"字所在的格子中，右上角和左上角，分别用小字楷书写着"一""九"二字，右下角写着"十一月十六始"，左下角写着"二十四日全"，这便是"一九"所包含的具体日期区间了。其下按照顺序"前""垂""柳"等分别代表二九、三九、四九，以此类推。描完一个字历时九天，描完九个字，八十一天便过去了。

"管城春满"的题名也颇有寓意。"管城"指代毛笔。传说战国时期秦国大将军蒙恬以兔毛改良过毛笔。这位将军为秦始皇统一天下立下了汗马功劳，后来他被分封在管城。于是，人们便称他为管城子，渐渐地也用"管城子"来代指毛笔。历代文人在诗文中常常用"管城子"借喻毛笔或者笔墨，比如北宋时的诗人黄庭坚便是如此。黄庭坚觉得在政治上不得意，常有弃官归隐之意。1087 年，黄庭坚赠诗给同乡友人孔毅父，以自我嘲讽的方式抒发内心的苦闷。这首诗题目叫作《戏呈孔毅父》，首联为"管城子无食肉相，孔方兄有绝交书"。意思是他升不了官，无权无势，只有笔墨始终相随，钱财（即"孔方兄"）此时也与他"绝交"了。

由此可知，消寒图上"管城春满"的意思就是笔下春色

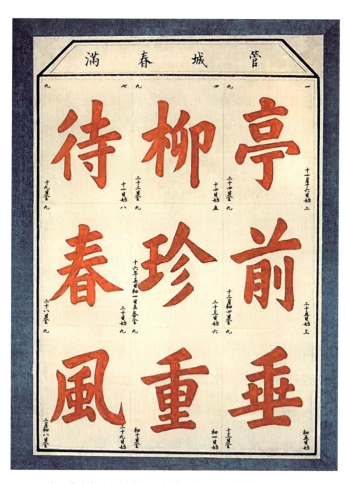

清 道光皇帝绘制的《九九消寒图》 北京故宫博物院藏

渐满人间的意思，也符合"写九"以生春意的意蕴。

2. "写九"小技巧

游戏者每日用红色或彩色笔描填一笔，九个字填满正是冬尽春来之时。最流行的九个字是"亭前垂柳珍重待春风"，此外还有"春前庭柏风送香盈室""故城秋荒屏栏秋枯荣""雁南飞柳芽香便是春""待柬春风重染郊亭柳""庭前春幽挟草巷重茵""亭前屋后看劲柏峰骨"等等，以上每句的九个字的繁体都合九之数，现代人也创作了简体笔画合乎九的句子，如"幽柏姿美浓荫待春荣"。各句文字虽然不同，表达的都是盼春、迎春之意。

3. 小知识

每天简单描画一笔，进行描填游戏的人大概觉得意犹未尽，于是就在描完一笔后，用其他颜色，在笔画内写上一些文字以记录当天的冷暖阴晴。北京故宫博物院中收藏的另一幅道光皇帝手书的《九九消寒图》便是如此。"春前庭柏风送香盈室"九字双勾空白部分都已经被填满，又用白色的细笔在每一笔画上写出这一天的天气状况。比如第一个"春"字，第一笔（第一天）一横上书写"晴冷日"；第二笔（第二天）上书写"云开见日"；第三笔（第三天）上书写"飒

100

文字型消寒图填涂示意图-1　　文字型消寒图填涂示意图-2

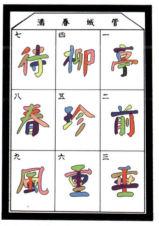

文字型消寒图填涂示意图-3　　文字型消寒图填涂示意图-4

飒寒风一日"；第四笔（第四天）是"终日凉风侵人皮肤如刀刺"；第五笔（第五天）是"天晴有风日也"；第六笔（第六天）记"大风真冷"；第七笔（第七天）写着"巨风透骨寒"；第八画（第八天）写着"冷"；第九画（第九天）写着"雾"。随着笔画长短变化，对天气的描述也或简或繁。能够将这些记录文字妥帖地安置在笔画中，也足见游戏者的用心。

还有一种更加雅致的消寒图——作九体对联。每联九字，每字九画，每天在上下联各填一笔，如上联写有"春泉垂春柳春染春美"，下联对以"秋院挂秋柿秋送秋香"，被称为九九消寒迎春联。

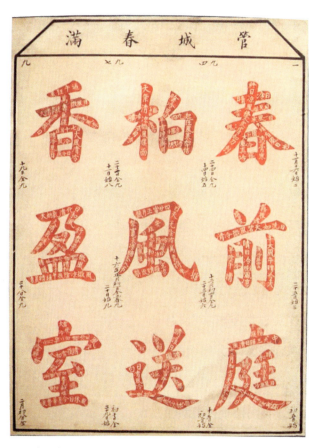

清　道光皇帝绘制的《九九消寒图》　北京故宫博物院藏

（六）最吉祥：葫芦型消寒图

消寒图被玩出了各种新花样。人们还会将九九歌扩展开来，编成长长的九九诗文。由一九写至九九，每"九"四句，作成一首共三十六句的"消寒诗"，然后将文字头尾相接，巧妙地围绕成一个葫芦形状。其中九个小环内添上供消寒涂染的图形或者汉字，这样就形成了葫芦型消寒图。葫芦与"福禄"谐音，寓意吉祥如意、福禄安康，葫芦型消寒图传递出对家族兴旺、子孙绵延的美好祈愿。

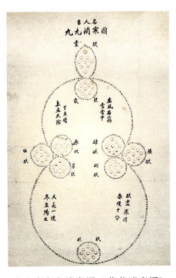

古人名九九消寒图（葫芦消寒图）

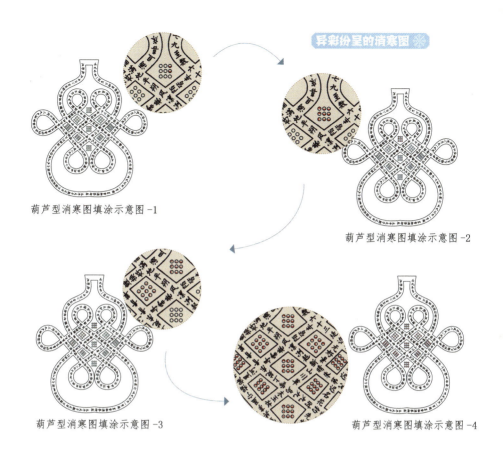

葫芦型消寒图填涂示意图 -1

葫芦型消寒图填涂示意图 -2

葫芦型消寒图填涂示意图 -3

葫芦型消寒图填涂示意图 -4

1. 玩法小技巧

葫芦型消寒图的玩法全凭九个小环中的内容设计。有的葫芦小环中是九个汉字，那么就是"写九"，游戏者每日一笔，"九"尽字成。还有的葫芦小环中是小圆圈，那么游戏者就按照"上阴下晴，左风右雨，雪当中"的规则给圆圈涂色。

2. 小知识

中国第一历史档案馆收藏有清代宫廷中的一幅葫芦九九

消寒图。它以中国历史故事为内容，用汉字组成连环葫芦。为了拉长文字的长度，又要画面不那么单调，人们将文字曲折环绕，串成中国结中的盘长结。与此同时，也环绕出九个封闭圆圈。圆圈当中题九个九笔的字——"雁南飞哉柳芽待春来"。有的葫芦消寒图会题"雁南飞柳芽香便是春"，或绘制九九八十一个圆圈，都是用以逐日数九描绘，具体的内容其实也并不固定。

清代的这张葫芦九九消寒图,从葫芦顶端圆圈右下角开始,按照葫芦的轮廓读下来,它上面九九诗文的具体内容为:

　　头九初寒才是冬，三皇治世万物生，尧汤舜禹传桀事，武王伐纣列国分。二九朔风冷难当，临潼斗宝各逞强，王翦一怒平六国，一统江山秦始皇。三九纷纷降雪霜，斩蛇起义汉刘邦，霸王力举千斤鼎，弃职归山张子房。四九滴水冻成冰，青梅煮酒论英雄，孙权独占江南地，鼎足三分属晋公。五九迎春地气通，红拂私奔出深宫，英雄奇遇张忠俭，李渊出现太原城。六九春分天渐长，咬金聚会在瓦岗，茂公又把江山定，秦琼敬德保唐王。七九南来雁北飞，探母回令是彦辉，黄夜母子得相会，相会不该转回归。八九河开绿水流，洪武

永乐南北游，伯温辞朝归山去，崇祯无福天下丢。九九八十一日完，闯王造反到顺天，三桂令兵下南去，我国大清坐金銮。

这首消寒诗共 252 字，从"三皇治世"，到"大清坐金銮"，把我国历史长河中一些重要的事件串联起来。其中不乏一些著名的历史典故，比如周武王伐纣、刘邦项羽楚汉相争、曹操刘备煮酒论英雄、红拂女的故事、一统江山刘伯温、李自成农民起义以及吴三桂投降清廷等等。中国几千年的历史被浓缩在一张小小的消寒图中，令人不得不叹为观止。试想一下，寒冬腊月中，孩子依偎在父母、祖辈身边，一边玩着"葫芦消寒图"的游戏，一边询问着历史典故，父母则娓娓道来。这是

107

吴昌硕　葫芦　私人藏

何等温馨的一幅场景啊！宏大的历史化为生动的人物与情节，在岁月绵长中无声无息地渗入孩子们的记忆中，成为他们心灵的一部分。

这张图上"雁南飞哉柳芽待春来"有几个字有点"古怪"。第一个字"雁"本应是十二画而按照图中的写法，有十一画，"芽"字则只有七笔，都不符合"九"之数。这是怎么回事呢？其实规范的繁体字中，"来"字也只有八画，但图中的"来"字却有九画，这种不同的写法我们称之为"异体字"，书法作品中很常见。"雁"字的写法也是这样。虽然"雁"和"芽"字都不是九笔，但如果你把这九个字的笔画加起来，是不是还是八十一画呢？所以游戏的规则并没有改变，每天涂一笔，全部笔画涂完，八十一天就过去了。

（七）最畅销：年画型消寒图

清代，民间填画九九消寒图的习俗非常普遍。山东潍坊、河北武强、天津杨柳青的年画中都有"九九消寒图"题材，一画多用，十分畅销。村民们常常购买消寒图，将其和皇历贴在灶头，或供观赏，或每日填涂。

年画类的九九消寒图，主要还是张贴在室内，作为节日的装饰。因此，画面上热闹喜庆的气息、丰富的色彩，以及所蕴含的吉祥寓意是最重要的。这样一来，九九消寒图于纸面上数算时日、记录天气的功能性反倒退居其次了。所以，民间版画印制的九九消寒图虽大多题为"九九消寒图"，但数九的功能设计往往非常巧妙，有时还很隐蔽。比如有一幅《九狮九九图》，画面主体使用了人们喜闻乐见的狮子滚绣球题材，九个绣球上各画九枚铜钱，以供涂色消寒。整幅图寓

清代河北武强年画《六子争头消寒图》

有吉庆辟邪、祈求好运、多子多财的美好含义。

各地年画中的消寒图图案样式都不大一样，其中胖娃娃类型题材，喜庆又讨巧，十分受欢迎。这当中最出名的要数河北武强县的《六子争头消寒图》。画面上，娃娃的头部和臀部被巧妙地勾连起来，互相借用，组成了三头六体，两两争头的画面。此外，画面中有不少吉祥图案，比如：画面外圈有十二生肖，四角有四季富贵花卉，寓意吉祥富贵；娃娃手中分别捧着苹果、桃子和柿子，则寓意平安、长寿、如意。

天津杨柳青的年画中也有一幅表现娃娃戏的，画面上的场景十分热闹。画中描绘的是广受当地人喜爱的三出戏曲——《破红洲》《洪洋洞》和《南阳关》的表演场面。在戏名下，两三个娃娃各自表演戏中的一个具体场景。娃娃们穿着红蓝色的肚兜，戴着戏帽髯口，舞枪弄棍，挥旗呐喊，逗人喜爱。组成三出戏戏名的九个汉字，每个字都是九画，用双勾法写成，

清代杨柳青娃娃戏年画

共八十一笔。买了此年画的人，每日里除了观赏之外，还可填涂，以"写九"消寒。画面最上方有"九九消寒之图"六个字，每字都在转轮式样的圆圈中，有表现时光流逝似转轮之意。

还有一张清代杨柳青木版年画《九九消寒图》，画面上是一个白白胖胖、喜笑颜开的娃娃。娃娃的设计借鉴了刘海戏金蟾的形象，他双手挥舞着一根系有九个铜钱的绳索，每个铜钱上有一个用双勾法写成的字，九个字组成了一句吉祥话——"原是活财神来到咱家"，直白而又喜庆。值得注意的是，画中的九个字虽然每个都是九画，但有几个与今天规范的写

清代杨柳青木版年画《九九消寒图》

法不同，比如："原""白"字上的一撇与"厂"字的大长撇合并，减了一笔；"财"使用了繁体字"財"，但将"貝"字下面的一横与撇相连成为一画。此外，"来"字与之前葫芦九九消寒图中的写法相同，将繁体字"來"中左上部的"人"写成了"口"。这些字在当时可能是人们惯用的写法，但对今天的人来说，在日常的学习和生活中应当避免使用。

类似的用九字数九，民间创造的样式很多，如"雁南飞柳芽香便是春""故城秋荒屏栏树枯荣""庭前春幽挟草巷重茵""亭前屋后看劲柏峰骨""拜将封侯挑袍看春秋"。每个字的字形在写书时都会有所考量，以最终凑足八十一画。

（八）最好玩：折纸型消寒图

折纸型消寒图是一种不太常见却十分好玩的消寒图，曾经流行于高门大户的闺中。它的具体做法是在一张图上画九个男童，每个男童手里都拿着一种玩具，比如灯、伞、花、车、鞭炮等等，共有九种。每种玩具上有九个白纸小方块，小方块一半粘在玩具上，一半可以翻折。比如有一种折纸型消寒图，男童手里拿着的玩具是车，车上的白纸小方块就代表九扇窗户，每天翻一个，翻开的那面上面画着不同的图案，这样翻完车上的窗户，就代表过完一个"九"。以此类推，翻完全部玩具上的白纸小方块，八十一天也就过去了。相比于前几种，折纸型消寒图显得更加立体，也更像个玩具了。

前述八种消寒图是不是非常有意思呢？为了度过寒冷的冬天，古人想出了许多办法，他们依照"数九"的原则，把对春的企盼、对生活美好的质朴愿望统统"放"进了消寒图的方寸之间，创造出了各种各样灵动、鲜活的消寒图样式。今天，我们一起来画消寒图，不仅可以享受游戏的乐趣，更可以了解到传统文化中关于诗文、戏曲、吉祥图案、汉字结构等等的各类知识。

清　金廷标　冰戏图　北京故宫博物院藏

肆

消寒图里的智慧与创意

人们为什么如此喜爱消寒图呢？当然是因为它能够为冬日里的生活带来许多趣味。然而除了游戏娱乐之外，小小的一幅图中还蕴含着古人丰富的生活智慧，为古时候人们的生产生活提供指南，为儿童提供启蒙教育。

（一）自制的天气档案

古代社会中，农业生产是大部分家庭最重要的经济来源，然而耕地种田的农民主要依靠祖祖辈辈言传身教的各种农业经验，仰仗风调雨顺，才能获得丰收。类似干旱、水涝、蝗虫之类的天灾，往往会给庄稼地带来毁灭性的打击。因此，农民对天气格外关注。他们每日里涂一笔消寒图，也顺手记下了这一天的冷暖阴晴。比如圆圈型消寒图，依照每日的天气变化有不同的涂绘方式，文字型消寒图的笔画中有详细的天气记录。待到经历八十一天绘制完成，便是一份当年冬春之际的天气记录了。

古代农村缺少日历、月历之类的历书，于是年画作坊便在入冬的时候预先印制《九九消寒图》，将农历节气的变化与对来年年景的预测融入其中，并根据"瑞雪兆丰年""晴天

多虫害""风多地干旱"等气象规律推测来年庄稼丰歉，进而指导农耕。比如明代弘治元年（1488）陕西当地刻印的《九九消寒之图》中"八九"画农人鞭牛犁田，上题：积润统消景物鲜，桃花未吐柳含烟，农人自此知春及，南佃耕开百亩田。

久而久之，这些经验得到逐渐积累，农人们可以据此预测、推算来年庄稼收成。因而历史上形成了不少与"冬九九"有关的天气农谚，如"头九暖，九九寒""四九时必多雨雪""雨雪连绵四九天""冬至前宜寒""冬前弗结冰，冬后冻杀人"等等。无论准确与否，人们都只能根据这些经验来推测冬天是否寒冷，来年雨水是否充足。因此，这份自制的天气档案在古代信息闭塞的社会环境中，显得十分珍贵。

（二）儿童的启蒙益智游戏

对古代不少家庭来说,九九消寒图更是教育孩子的好帮手。在一起描画消寒图的过程中，父母长辈们可以对孩子进行识字、历史知识和自然知识的启蒙教育。比如通过对文字型消寒图每日一笔的描红，孩子们逐渐掌握了毛笔的握笔、运笔方法，对汉字的结构产生了最初的感性认知。葫芦消寒图中的九九诗文，仅用区区两百多字便囊括了上古至清代的历史重大事件与人物，充满好奇心的孩子们在诵读时可了解背后的各种故事。对于历史的认知于无形中在孩子们的心中扎下了根。又比如清代杨柳青的戴廉增画店印的《三字经九九图》，画面主体描绘的是一衙门厅堂，其中有衣着富贵的官员和他的家人，以及若干站立着的随从。此画寓意节节高升、飞黄腾达。年画的文字部分由与每个"九"相对应的一段歌谣组

清代杨柳青戴廉增画店《三字经九九图》

成，共九段，每段皆含《三字经》数句。其中"三九"的歌谣唱词是"佳人泪如梭，奴看你不成器，终须玉不琢。一年四季南北混，自勤苦不能尚勤学。养不教，父之过，孔门高第作大学，元圣周公作周礼，大成至圣师项橐"。这些唱词中包含了不少《三字经》的内容，如"玉不琢，不成器""彼不教，自勤苦""古圣贤，尚勤学""养不教，父之过""作大学，乃曾子""我周公，作周礼""昔仲尼，师项橐"等。这对当时教育资源贫乏的农村来说，具有普及教育的意义。

此外与消寒图相伴的数九歌和阴晴风雨的不同填涂方法，让孩子们感受到数字魅力的同时，也可学习如何观察天气，并将之纳入到自己的生活中，从而对人与自然的关系产生最初步的认知。

一幅消寒图展示了古人的智慧，让凛冽的寒冬呈现别样的闲情逸致。在这一古老的民俗游戏中，我们能够感受到古人乐观的精神与坚韧的品性。今天，我们自然不必再以这一种古老的方式来记录天气，但这一别致的数九填涂游戏依然充满着魅力，为我们美好的生活带来别样的趣味，让我们体会到优秀传统文化的博大精深与鲜活生命力。

（三）创意消寒图

寒冷的冬季,除了玩雪、嬉冰这些户外游戏可以聊以消闲,在暖和的屋子里点上一幅消寒图更是十分受人欢迎,冬至正是这项游戏的起点。那么,让我们发挥创意,从冬至节日里寻找灵感,跟着"九九八十一"的规则,来制作属于自己的消寒图吧!

制作消寒图的小口诀:

小九套大九,九九八十一;梅花圈圈图,各色节物聚;盼春祝幸福,寓意要吉祥。

1.巧画创意消寒图

俗话说"冬至大如年"。冬至到了,家家户户挂起了大红灯笼，电视里传来了噼里啪啦的鞭炮声。窗外，梅花朵朵；屋内，妈妈端上了饺子。一家人聚在一起，欢欢喜喜地吃冬至团圆宴。

请你仔细观察冬至常见的节日物件，试着用它们创造一幅消寒图吧！

2.娃娃年画我来画

冬至的到来意味着春节即将来临，人们都喜欢买上一两幅色彩鲜艳、寓意吉祥的娃娃年画带回家，以此增添节日的气氛。

请你展开你的想象，给年画里的娃娃添上合适的汉字或者图案，让年画变成一幅消寒图吧！

年画《十不闲》 中国美术馆藏

伍

文学作品中的消寒图

画消寒图是一项既有趣又风雅的游戏，过去曾深受人们喜爱，上至天子皇家，下到寻常百姓，无不借助它来熬冬。古今文学作品中有许多描写消寒图的篇章段落，我们可以从中一窥这项游戏广泛的影响力和持久的生命力。

明　商喜　明宣宗行乐图（局部）　北京故宫博物院藏

（一）诗词中的消寒图

滦京杂咏

元·杨允孚

试数窗间九九图，余寒消尽暖回初。

梅花点遍无余白，看到今朝是杏株。

题销寒梅图

明·管讷

日影才将一线加，彩毫呵冻染冰葩。

直教消尽南枝雪，却向春风看杏华。

梅花百咏·定性

明·李江

钟于阳德老蓬壶，九九消寒恰写图。

天地有形机轴巧，风埃无路梦魂俱。

妙中信若三神绝，虚处茫然万虑除。

我恨程门今不及，百年霜雪独清癯。

燕京杂咏

清·查嗣瑮

学画消寒九九图，红窗费尽好工夫。

朝朝和墨番番数，算到花朝得了无。

鬲溪梅令·谢陈师竹赠红梅花

清·吴锡麒

数椒暖破绛砂匀,寄殷勤。定是销寒图里染来真,陇头无此春。 影横斗帐又黄昏,暗香温。梦到罗浮山下记前身,月斜眠酒人。

二十五日思补齐消寒第五集即题徐太守日纪阳春有脚图·其二

清·洪亮吉

莲蕊屏风冻雨,梅花纸帐春云。

待过消寒九九,预防修竹弹文。

洞仙歌

清 · 吴锡麒

莺啼梦破，积寒烟如水。惨绿无端把春替。剩朱幡三尺，难禁东风，红雨外、换了招魂题字。　　销寒逢九九，记染燕支，要乞灵缘画图里。甚园林转眼，碧暗香沉，竟抛得、落花苔瘗。最苦是、天涯跨驴人，早飞絮前汀，并成清泪。

杂诗平韵

清 · 章甫

不是红绫宴曲江，吟春亦复醉春缸。
遥岑送到青排闼，香草披来绿满窗。
点遍梅花图九九，看归燕子剪双双。
适然惹起歌声兴，信口凭吹短笛腔。

明　蓝瑛　仿王维雪溪图　私人藏

河传

清·杨继端

冬至，亚岁，粉脂添。九九图开凤奁，雪花五出轻可拈。叉尖，锦心吟絮盐。　　晴旭翻疑听雨急，悬檐滴，冰筋坚盈尺。月三更，寒色凝。蓦惊，玉钗风折声。

临江仙·寄怀雪兰蕊渊林风畹兰诸姊妹

清·李佩金

记得消寒图四九，玉梅花下弹棋。冷香吹雪上新诗。紫茸低护鬓，斜戴辟寒犀。　　懊恼屏山山六曲，夜来魂梦偏迷。柔肠凄断五更时。天涯春又到，不解寄相思。

一萼红·腊八日小梅手笺招饮醉后索冰梅一枝而别

清·王敬之

挂幽怀。是南枝消息，应有一分开。冻雀栖烟，古蟾照雪，与谁闲靸吟鞋。蕈小幅、蛮笺秀句，夺遥山、寒绿寄新裁。九九图残，三三径冷，六六鳞来。　　不羡云堂焦粥，只禅逃弥勒，米汁长斋。坐阁寻诗，巡檐记梦，胜佗花雨经台。更分取、冰心供养，共水仙、瓷斗好安排。抵似纸窗疏影，鸦嘴亲栽。

南宋　佚名　梅雀图　台北"故宫博物院"藏

桐花凤

积余夫子为作九九消寒图，双钩九字，字皆九画，以记阴晴风雪，因谱此阕。

岁晚韶华成寂寞。暗转星杓，一线添琼阁。盼到阳春来有脚，绣帘犹怯春寒薄。　九九图中将字著。百五光阴，容易闲抛却。比似梅花描绰约，看来日日增红萼。

侍母点消寒图

清·孔淑成

堂上传呼停绣襦，慈萱看此掌中珠。

鹤眠积雪三三径，猩点消寒九九图。

月影清如今夜好，梅花香似去年无。

眼前索笑随舅妹，博得欢颜韵不孤。

高阳台·和蔡小石咏同心兰

清·宋翔凤

香梦通时，暮烟浓处，同心一剪初开。叶叶花花，冰瓷如玉盛来。目成未许芳情独。见分明、月地云阶。好携将、证取前盟，更触遥怀。　　玉堂人对潇湘影，怅无言自远，有意相偎。佳话须传，那同九九图梅。碧纱与护双双蕊，想露寒、早结胚胎。漫教伊、冷到岩阿，空了亭台。

木兰花慢·同人集真松阁分题得销寒图

清·杨夒生

围炉刚炙砚，销九九、记红红。乍梦澹烟圆，愁疏蒂浅，影倩灯烘。帘衣晓寒初酽，惜余熏、微鞚玉钗虫。写幅吴绫滑笋，脂痕薄点能工。　　湘东。路杳香通。人不见、碧山空。算竹外枯筇，雪中柔屐，几处曾逢。难回寿阳娇怨，换春妍、要数杏花风。明日涂妆天暖，渐看绮陌泥融。

元　郭畀　雪竹卷　台北"故宫博物院"藏

花心动·壁间去冬消寒图小幅妆台遗迹也感赋

清·周之琦

芳信冬闺，粉梅梢、年时倦怀曾托。絮雪乍飘，葭管闲吹，刚是病腰如削。画中疏影人同悴，但长日、秦筝偎著。倒纤指，因循误了，试灯妆阁。　九九光阴似昨。空小笔花枝，泥他屏角。麝炷泪淹，猩点脂融，孤负晓窗梳掠。酽寒消尽春心死，枉冰蕊、描成红萼。杏香冷，低回燕莺旧约。

鹧鸪天

清·奕绘

十一月中北地寒，岭南天气始穿绵。椎牛打鼓刘三妹，枯木寒鸦赵大年。　一阳复，六阳连，群阴剥尽性光圆。梅须柳眼含生意，画入图中九九圈。

疏影·闺人写壁间盆梅作绣稿

清·姚燮

春蠹飐烛。对粉廊素影，瘦黛描玉。淡冶无言，脉脉依依，珠魂唤到金谷。遥楼莫唱江南笛，有古怨、缣心凝绿。更补来、翠篆娟枝，留着凤雏双宿。　　知否妆台小课，贴笺图九九，脂晕浮旭。那识佳人，一种灵芬，别贮空山茆屋。牡丹空算东皇媵，总不是、媚兰仙属。敢笑他、冰骨清寒，等样月华烟缛。

闲情

清·多隆阿

窗前九九点梅图，四壁清寒只自娱。

俗眼谁能识玉璞，素心久已托冰壶。

云中白鹤惟求洁，岭上青松岂愿孤。

小草灵根名远志，问渠还想济人无。

虞美人

清·樊增祥

相思债负知多少，彼此平分了。横塘七十二鸳鸯，但使三分得一总成双。　　消寒图里寻梅瓣，三九三朝欠。恰从上九盼初三，赖是月逢小建早纤纤。

锦缠道·冬至

清·陈宝琛

九九图成，子半一阳微动。忆郊坛、迭曾陪从。衮龙仙乐千官拥。雪点丰貂，了不知寒冻。　　剩圜丘已芜，盛年如梦。悄黄钟、律犹吹中。恁老来、虚过团圆节，一家三地，又欠搓丸供。

岁暮杂感

清·丘逢甲

牢落高阳旧酒徒，缶声凄绝唱乌乌。

极知王屋移非计，坐惜神丛借已枯。

老骥负车鸣折坂，饥鹰驱雀下平芜。

人间剥复关天运，醉看梅花九九图。

燕京岁时杂咏

清·孙雄

素梅一瓣染成朱，画出消寒九九图。

过客光阴如箭激，抟戈回日费工夫。

弢斋主人出示其先王父九九消寒图手迹属题

清·郭曾炘

十日一水五日石，昆仑方壶侈真迹。

不如渲染没骨图，装堂铺殿精楷模。

怒气作竹喜气兰，风枝雨叶来无端。

不如流传喜神谱，小蕊大开足意趣。

九九谚出田家志，剪纸调脂近游戏。

谁钦运腕妙写生，展卷雅人见深致。

一阳来复天地心，次第春光静可寻。

瑶草琪花石供古，重茵复幕画堂深。

东南半壁烽烟靖，荣光出河通瑞应。

云台上将数高勋，官阁水曹自清兴。

五十年来手泽存，摩挲故物重瑶琨。

曾供乙览睿思殿，好伴新图水竹村。

灿烂云章亲弁首，子子孙孙当世守。

渡江又见岁华新，珍重亭前旧垂柳。

踏莎行 · 题九九消寒图

清 · 俞庆曾

小阁围炉，疏林暖酒。沉吟无语笼双袖。几番停笔费评量，今朝四九惊寒骤。　　梅影横斜，吟肩消瘦。一帘冷月和霜斗。慢言枯管不知春，渐看春色从今逗。

消寒图：珍重待春风

庚午四月廿七日章君朕粟补举消寒第九集赋此

清·王其元

一饮一啄关定数，一死一生数尤注。

消寒仅传九九图，冬去春来春又去。

异哉此会独延长，是何濡滞必有故。

忆从去冬赏菊筵，无少无长十人与。

当筵序齿整无零，五百八十寿诗赋。

消寒荟萃十一人，首倡冬月廿九辰。

社主兴豪先开宴，言定拈阄依次轮。

轮台已过病夫会，九转消寒待君身。

时则病夫未病也，而君无病忽吟呻。

河鱼腹疾将奈何，绵延床蓐历数旬。

历数旬，会遂停，君病将痊病夫病。

汤药纵尝难续命，可怜未满来复期，地下修文病夫应。

幸君病体日渐康，调摄经旬病若忘。

清门席上近相见，依然饮啖竟如常。

今且补作消寒会，宝墨楼头文宴张。

况兼补缺有钱起，虽较病夫少十载。

若从今岁算相加，亦与去年数相似。

得此天然玉合子，不惟消寒一局缺者完，抑且庆祝六百将自后年始。

腊月二十三日消寒第四集会于倦知庐
余忍寒不出倦翁庸庵诗成促和·其一

清·沈曾植

寒图开四九，祠灶送神君。

书有长恩祭，门无郁律文。

雪留方待雨，雾重旋成云。

海市搜恩物，儿童取次分。

琐窗寒·消寒第四集

清·张慎仪

东圻瓦凇，香温炉篆，最宜朋酒。岁涂当丑，小
聚棨科如斗。莫再谭、而今何世，而今犹是唐虞否。
且相沿旧例，琴歌棋局，联欢还又。　　雅有。仝岑
友。□数点梅花，按图数九。尖叉闲斗，差与聚星为偶。
有许多、丽语清词，欧苏合铸为一手。付与他、画壁
旗亭，可流传久久。

梅花酒

清·许南英

雪花酝酿入屠酥，准备迎年醉玉壶。

风信更番春在望，水魂浮动夜围炉。

笛声送腊三三弄，画意消寒九九图。

世味尝余尝酒味，能知此味是林逋！

和陈槐庭词兄却扇词

清·郑以庠

枯肠日饮润如酥，醉过消寒九九图。

自笑玉川唯赤脚，锦囊收拾当奚奴。

琴瑟和鸣等断金，筝琶添奏意犹深。

愿卿休咏江沱句，旁挺离支惬素心。

轻盈二八绮罗身，南脸西眉画不真。

他日颙房须仔细，妒鳞防逆比肩人。

豆蔻香浓二月梢，游蜂恰好借为巢。

东风似喜开生面，连理枝头又吐苞。

十拍子·岁暮与友人探梅

清·许南英

亭畔徜徉放鹤，桥边偃蹇骑驴。问讯西溪冰雪路，知否寒花开也无？消寒作画图。　　送旧一声爆竹，迎新万户桃符。风雪满天山欲暝，定有村醪野店，朦胧醉百觚。

高阳台·唐花

清·夏孙桐

金屋安排，玉楼酝酿，人间几费春工。支取韶光，销寒九九图中。群芳原不甘沦落，惯年年、来趁冬烘。任缤纷、矾弟梅兄，斗艳青红。　　外边寒重谁知得，暂炉熏宵拥，钗朵晨笼。香梦沈酣，瞒他冻蝶痴蜂。偷春容易春难驻，又番番、催换东风。待何时、看遍长安，钿毂相逢。

花犯·和六禾鬓梅作

清·杨玉衔

小横斜、金钗坠凤，双拖破灯晕。宝云盘鬓。忆雪月迷离，故遣郎认。厚帘密护寒犹紧。涵春瓶案稳。更九九、傍奁图展，消寒期取准。　　撩鸦簪拔卜行人，江南路、莫奈寄枝留恨。梳先懒，飘零怕、玉龙流韵。宫妆卸、嫩黄未褪。移点额、工夫陪倦鬓。兆结子、眉痕归画，思君频领引。

西江月·腊八前二日写梅寿内四十八岁

清·姚华

雪后苔枝缀玉，春前铁萼簪红。湖云冻坼水西东。千里月来催梦。　　邻老心情未艾，如花眉寿堪同。消寒图上候东风。长笛一声初弄。

北宋　王定国　雪景寒禽图　台北"故宫博物院"藏

152

湘月·冬至子夜叠前韵

清·姚华

琯灰应律，验红闺彩线，争指圭景。履袜家家，顿唤起、白发高堂欢兴。旧典犹存，公私多暇，腊意催春冷。消寒图染，瓣朱搁了妆镜。　怜我病里微吟，春来依旧，比创余临阵。伏枕量签，度漏阁、知几宵情佳胜。自古阳生，端从子起，到底天堪信。圜丘旷久，问天莫对还省。

清平乐·雪窗

潘静淑

晴窗幽洁，课罢黄庭帖。呵手漫将金兽拨，倦绣消寒时节。　呼鬟试展帘栊，庭前雪白梅红。更有翠禽飞语，画图点缀天工。

清宫词·消寒图

清·夏仁虎

亭前垂柳待春风，珍重亲涂一画红。

九九图成春已至，宸居真可亮天工。

高阳台·消寒

陈家庆

镜对梅妆，诗传咏絮，小楼又到冬残。节序催人，天涯风雪惊寒。年芳荏苒成追忆，祗梦中、锦瑟空弹。怕玉龙、吹起闲愁，偷上眉端。　　绮窗笑语黄昏后，待茶烹雀舌，香蓺龙团。九九图成，五铢犹怯衣单。杯浮竹叶沉吟久，拥红炉、歌倚栏杆。夜漫漫、葭管飞灰，春近长安。

浣溪沙·丽子以浣溪沙新词和拙作题猫蝶图诗次韵为答

汪岳尊

题罢消寒九九图，春随病骨一时苏。酸咸渐悔与人殊。　　茶会高谈寻旧伴，诗穷故态坐狂奴。圆融安得竟如如。

155

（二）小说中的消寒图

林语堂《京华烟云》

第十二章　北京城人间福地富贵家神仙生活（节选）

在腊月二十，蒋太医邀请曾家去赴席，姚家以及各位小姐也被邀请。那天"封印"的日子，朝廷官员都封起印来，停止办公，准备过年。在饭桌上，桂姐当众赞美木兰和莫愁的绣花儿精美，说她从来没看见画样子、配颜色、针线那么细致讲究的活计。平常女人鞋上的绣花儿样子都是照着以前的样子描，可是木兰把绘画上花卉虫鸟的姿态描到鞋上，两姊妹绣鞋给母亲做新年的礼物。莫愁绣了一个彩色的鸭子，在缎子鞋面儿上真有呼之欲出的样子。

桂姐对曾太太说:"您不见,您不会相信。咱们回家的时候儿,一定顺便到她们家去看看那几双鞋。"

莫愁谦逊说:"别听她的,不过曾伯母您好久没到我们家了,吃完饭到我们家坐坐儿吧。"

曾太太要去看鞋,因为她好爱慕姚家这两个女儿。所以她们就到姚家看看两位小姐做的鞋,在黑缎子鞋面儿上,由于颜色深浅配得好,那只鸭子果然有跃然欲出的样子。

曾太太说:"这么好的鞋穿在脚上,真是糟蹋了。这应当献进宫里去。"她又跟姚太太说:"您是什么肚皮呀?怎么会生出这样的女儿来呢?这叫我想起木兰做的腊八粥,那天她送给我们吃,真是与众不同。老太太爱吃,一连吃了两碗。果仁儿好像一进嘴就化了一样。老年人没有牙,爱吃软的。"

木兰很高兴,她说:"她老人家若爱吃,我去给她做。"

曾太太心里想:"娶个会做饭的儿媳妇真是福气。"

他们回家的时候儿,木兰跟他们一齐去的。她看见曼娘正逗着一岁大的小孩子玩儿。那天下午天气晴朗,几盆菊花儿,快要凋谢了,挺立在屋子里冬天光亮的日光之中,使那间屋子有一种幽静出尘冷若冰霜的华美。孩子躺在曼娘母亲屋里的床上,床上放着几双缎子鞋头儿,她们来以前,曼娘正绣那些鞋帮子。

木兰问："你做完没有？"

曼娘说："我才做了六双，还得要做两双，这一年却快完了。我得夜里做，可是又得照顾孩子，做不了几针就要停。"

木兰看见墙上有一张九九消寒图，上面有九行，每行有九个圆圈儿，那是由冬至算到春初，等到八十一圈儿涂完，严冬才已经过完，春季即将来临。木兰走到墙边，在新年前剩下的那十天上画了两只鞋。

她屈指计算道："你还剩下十天，怎么办？"

曼娘说："若是没有孩子，这件事也容易得很。"

木兰小声说："我把这一双拿回去替你做。"

曼娘对自己的针线活非常自负，从来没想到让别人替自己做，以前也没机会看到木兰姊妹到底多么精巧。

曼娘说："俩人的针脚若不一样，会看得出来。"在绣花时，针脚必须极其匀称平滑，越密越好。花瓣儿边上稍微不齐，那件活就算疏忽大意了。每一针与另一针的差距不能超过一寸的百分之一，所以少女做起来也是很费眼力的。

木兰拿起放在床上绣的花儿，仔

细一打量，她说："我想我也做得了。"说着微微一笑，颇觉自得。又说："不敢说能跟你比美，也不会让你丢脸。"

丫鬟凤凰现在来到门口儿说，太太说并不是认真让木兰小姐来做腊八儿粥，不过老太太倒喜欢喝点儿木兰上次做的花生汤。

吱吱《庶女攻略》

第五十八章　大阵势散心不得闲（节选）

过了徐令宜的生辰，日子转眼间就到了九月底，府里针线房的人开始给丫鬟、媳妇、婆子们缝制过年的衣裳。今天这个去量身，明天那个去看料子，每个人脸上都洋溢着期盼的笑容，让日子也变得明快起来。待十月初一领了皇历，针线上的衣裳也做得差不多了，各房开始领冬衣。滨菊带着儿子来给太夫人、十一娘磕头。

"劳您惦记，洗三礼、满月都送了东西去。"刚生完孩子的滨菊白白胖胖的，恭敬地立在太夫人面前。杜妈妈则把孩子抱过去给太夫人看，孩子长得虎头虎脑，又白又胖，穿戴整齐，怎么抱也不醒。

太夫人看了呵呵直笑："这是个有福气的。"

十一娘就趁机请太夫人帮着取个乳名，太夫人是福禄双全的人，这样的人起的名字，孩子也可以沾沾福气。

太夫人想了想，笑道："安利之谓福，又是长子，我看，就长安好了。"

"这个名字好！"杜妈妈笑着把孩子递给了滨菊。

大家笑着喊孩子"长安"。滨菊忙跪下去磕头，说了几句话，就跟着十一娘辞了太夫人。

十一娘留滨菊吃晚饭。

"你有什么打算？"

滨菊歉意地道："喜铺只怕是去不成了。"

有了孩子，自然孩子更重要，十一娘低声问她："万大显的工钱可还够用？"

"够用。"滨菊笑道，"他现在回去连车也不坐，说要二十个铜板。"

夫妻同心，苦也是甜。十一娘笑着摸了摸长安的头，吩咐马房派了马车送滨菊母子回去。

发完冬衣，十一娘把徐令宜的纻丝衣裳清理出来，然后指挥小厮们把平时供在案头玩赏的花树连盆一起送到暖房去过冬，再换上一些冬青、文竹之类的耐寒植物。等白总管送来司礼监制的"九九消寒诗图"时，一百天的孝期也就过去了。

或者是之前大家都有所顾忌，这一放开，倒比平常玩得还要疯起来。公子、少爷调鹰打猎不说，就是府里的女眷，今天你约了去

禅院上香，明天她约了在家里宴请，热闹得不得了。十一娘先服母丧后服国丧，有一年多没出来走动了，大家想着她每每出现都是一身别致的衣饰，第一个想到的就是她，宴请的帖子纸片飞也似的。十一娘做衣裳、打首饰，平添了很多事不说，出门应酬回来晚了，看见徐嗣诚伏在南永媳妇肩头打着哈欠等着她的样子，她心里竟然渐渐地有了些内疚感……索性称病在家谢了客。

之后十一娘开始和简师傅、甘太夫人盘点喜铺的账册。一年下来，她们有三百三十四两七钱银子的盈利。三个人都很高兴。

十一娘就建议到春熙楼订几桌席面，请铺子里的人吃顿饭再歇业。

"这银子我来出好了。"甘太夫人听了笑眯眯地道。

"就从铺子里支出吧！"简师傅笑道，"算是我们大家的心意。"

甘太夫人连连点头。